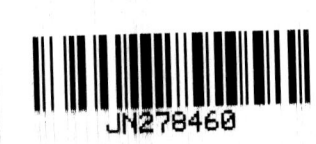

イラスト版 気持ちの伝え方

高取しづか
［JAMネットワーク代表］
＋JAMネットワーク
［著］

コミュニケーションに自信がつく44のトレーニング

合同出版

この本《ほん》を手《て》にとってくれたきみに

この本《ほん》を手《て》にとってくれて、ありがとう！

あなたは、友《とも》だちやお父《とう》さん、お母《かあ》さん、先生《せんせい》と話《はな》すときに「こんなとき、なんて言《い》ったらいいんだろう……」と、こまったことはない？

「新《あたら》しいクラスで友《とも》だちできるかな」
「ケンカしちゃった友《とも》だちとどうやって仲直《なかなお》りしよう」
「またわすれ物《もの》をしちゃった。なんて言《い》おう」
「いやなのに"いや"と言《い》えなくて」
「じぶんの思《おも》っていることがうまく説明《せつめい》できない」

どう言《い》えばよいか、なやむ場面《ばめん》ってあんがい多《おお》いと思《おも》う。

そんなとき、この本《ほん》を広《ひろ》げてみてほしい。話《はな》し方《かた》のコツや、じぶんの気持《きも》ちや考《かんが》えを、じぶんのことばで表現《ひょうげん》するためのヒントがイラストでわかりやすく紹介《しょうかい》してあるよ。

「どうせ言《い》ってもしかたがない」とがまんしたり、「まっ、いいか」と自分の気持《きも》ちをごまかしたりしていると、ストレスがたまる。

人《ひと》とうまくコミュニケーションをとることは、おとなでもむずかしいことだ。でも、スポーツとおなじでくりかえし練習《れんしゅう》すれば、じょうずにコミュニケーションがとれるようになるんだ。

じぶんの気持《きも》ちや考《かんが》えをできるだけわかりやすく、そして相手《あいて》の気持《きも》ちも考《かんが》えながら感《かん》じよく話《はな》す力《ちから》をこの本《ほん》で身《み》につけてほしい。コツさえつかめば、今《いま》よりずっとラクに話《はな》せるようになる！

じぶんの気持《きも》ちを表現《ひょうげん》するということは、まず、じぶんがじぶんの気持《きも》ちに気《き》づいてあげることがスタートなんだ。この本《ほん》には、話《はな》し方《かた》のコツを紹介《しょうかい》しながら、じぶんの気持《きも》ちを知《し》る方法《ほうほう》も紹介《しょうかい》している。

それは、じぶんが何《なに》を考《かんが》えているか、何《なに》を言《い》いたいかをわかっていなければ、どんなに話《はな》し方《かた》のコツをおぼえても、人《ひと》とコミュニケーションをとっていることにはならないからなんだ。

じぶんの思《おも》っていること、考《かんが》えていることをごまかさないで、相手《あいて》の気持《きも》ちを考《かんが》えながらわかりやすく伝《つた》えることができる人《ひと》になる。この本《ほん》は、それを最大《さいだい》の目的《もくてき》にしている。

はじめは、勇気《ゆうき》がいるかもしれない。うまくいかないかもしれない。でも、失敗《しっぱい》することをこわがらないで、勇気《ゆうき》を出《だ》してやってみよう！

大切《たいせつ》なのは、じぶんの力《ちから》をせいいっぱい出《だ》して、挑戦《ちょうせん》してみることだ。この本《ほん》は、これから出会《であ》うさまざまな場面《ばめん》で、きっとあなたの助《たす》けになると思《おも》う。

◎この本《ほん》のとくちょうと使《つか》い方《かた》

・子《こ》どもたちにインタビューした声《こえ》を参考《さんこう》にして、みぢかな場面《ばめん》、よくある場面《ばめん》をひとつずつまとめている。

・それぞれの場面《ばめん》には、解決策《かいけつさく》やかんたんなアドバイスが書《か》いてあるので、よく読《よ》んでほしい。

・右《みぎ》ページには、じっさいにコミュニケーション力《りょく》をじぶんのものにできるように、"ワーク"をのせている。じぶんのペースでいいから、やってみてほしい。

・ワークは１回《かい》だけじゃなくて、くりかえしなん度《ど》でもやってみるともっと力《ちから》がつくよ。書《か》きこみが必要《ひつよう》なページには、どんどん書《か》きこもう。あとからじぶんの書《か》いたことを見《み》ると、じぶんの成長《せいちょう》がわかったり「こんなこと考《かんが》えていたんだぁ」と発見《はっけん》できておもしろい。

・じっさいにこまったときに、この本《ほん》を開《ひら》くだけじゃなくて、「あるある！ こんなとき」っていうノリで読《よ》んでほしい。はじめからじゃなくて、どのページから開《ひら》いてもかまわない。

・ひととおりやり終《お》えても、本《ほん》をそばにおいてときどき見《み》なおしてみてほしい。またちがった話《はな》し方《かた》に気《き》づくかもしれない。この本《ほん》がボロボロになるまで、使《つか》いこんでね。

JAM《ジャム》ネットワーク

もくじ

じぶんチェックシート
～トレーニングをはじめる前《まえ》に～

じぶんの"心《こころ》"の中《なか》ってわかりづらいよね。とりあえず、ワクワクすること、楽《たの》しいこと、好《す》きなこと……そんなことを、書《か》き出《だ》してみよう。

チェック1　今《いま》のじぶん

これまでのじぶんはどうだった？　今《いま》はどうかな？
自由《じゆう》に書《か》き出《だ》してみよう。

◎ワクワクすることは、なぁに？

◎やっていて楽《たの》しいことは、なぁに？

◎どんなときに、うれしくなる？

◎好《す》きなにおいは、どんなにおい？

◎好《す》きな味《あじ》は、どんな味《あじ》？

◎好《す》きな音《おと》は、どんな音《おと》？

◎大好《だいす》きな場所《ばしょ》は、どこ？

◎大好《だいす》きな人《ひと》は、だぁれ？

◎大切《たいせつ》な人《ひと》は、だぁれ？

◎楽《たの》しかった体験《たいけん》は、なぁに？

◎じぶんの好《す》きなところは、どこ？

◎じぶんのこと自慢《じまん》するとしたら、どこ？

チェック2　これからのじぶん

将来《しょうらい》、じぶんがどうなっていたらいいと思《おも》う？　どんなことでもいいからこうなっていたらいいなあ、ということを自由《じゆう》に書《か》き出《だ》してみよう。

◎どこに住《す》む？

◎どんな人《ひと》がまわりにいる？

◎どんな遊《あそ》びをしている？

◎どんな仕事《しごと》をしていたい？

◎どんな服《ふく》を着《き》ている？

◎どんな音楽《おんがく》が流《なが》れている？

◎どんな人《ひと》とお友《とも》だち？

◎何《なに》を手《て》に入《い》れていたい？

◎どんな人《ひと》って思《おも》われていたい？

◎まわりの人《ひと》に何《なに》をしてあげたい？

◎何《なに》に感謝《かんしゃ》していると思《おも》う？

◎どうなっていたら幸《しあわ》せ、って思《おも》う？

"じぶんチェックシート" はどうだった？

人《ひと》とじょうずにコミュニケーションをとるためには、

まずはじぶんがワクワクしたり、楽《たの》しかったり、

好《す》きだったりすることがなんなのかを知《し》ることが必要《ひつよう》なんだ。

それは、キミのこころの王国《おうこく》だ。

だれかにこわされそうになっても、

じぶんの王国《おうこく》はじぶんで守《まも》るんだよ。約束《やくそく》だ。

じゃあ、そろそろトレーニング開始《かいし》！

第《だい》1章《しょう》

きっかけをつくるトレーニング

1 知《し》っている人《ひと》にあったとき

学校《がっこう》からの帰《かえ》り道《みち》に、よく近所《きんじょ》の人《ひと》が「おかえり」って言《い》ってくれる。でも、なんてあいさつすればいいのかな？

　家《いえ》に帰《かえ》ってきたわけではないから、「ただいま」と言《い》うのはおかしいし、「おかえり」と言《い》われて「こんにちは」だとへんだし……なんて考《かんが》えてしまったのではないかな？

「おかえり」と声《こえ》をかけてくれた近所《きんじょ》の人《ひと》は、きっと学校《がっこう》から帰《かえ》ってきたじぶんの子《こ》どもとおなじように、迎《むか》えてくれたんだね。

　だから、「ただいま」でもいいし、「こんにちは」でもいいし、「お元気《げんき》ですか？」でもどんなことばでもいい。おじぎやニッコリ笑顔《えがお》だけでもいいんだよ。

　だいじなのは、人《ひと》と人《ひと》とがことばをかわし合《あ》ったり、こころを通《かよ》わせあったりすること。気持《きも》ちよくくらすために、あいさつってとっても大切《たいせつ》なんだね。

ワーク1 こんなときには、どんなあいさつをしてるかな？

1. 外《そと》に出《で》かけるときには？
2. 家《いえ》に帰《かえ》ってきたときには？
3. 家族《かぞく》が帰《かえ》ってきたときには？
4. ごはんを食《た》べる前《まえ》には？
5. ごはんを食《た》べ終《お》わったら？
6. お客《きゃく》さまが、家《いえ》にいらしたときには？
7. はじめて会った人には？
8. お客《きゃく》さまが、お帰《かえ》りになるときには？
9. 友《とも》だちの家《いえ》に上《あ》がるときは？
10. 友《とも》だちの家《いえ》を出《で》てくるときには？
11. 職員室《しょくいんしつ》に入《はい》っていくときには？
12. 職員室《しょくいんしつ》から出《で》てくるときには？

★あいさつの例《れい》★

1. いってきます／2. ただいま／3. おかえりなさい／4. いただきます／5. ごちそうさまでした／6. いらっしゃいませ／7. はじめまして／8. またきてください／9. おじゃまします／10. おじゃましました／11. しつれいします／12. しつれいしました

ワーク2 きのう、だれにどんなあいさつしたかな？　書《か》き出《だ》してみよう。

	だれに	あいさつ
例《れい》）朝《あさ》	（お父《とう》さん、お母《かあ》さん、先生《せんせい》）	（おはよう、おはようございます）
・昼《ひる》	（　）	（　）
・夜《よる》	（　）	（　）
・寝《ね》る前《まえ》	（　）	（　）
・人《ひと》と別《わか》れるとき	（　）	（　）
・帰《かえ》ってきたとき	（　）	（　）
・お礼《れい》を言《い》うとき	（　）	（　）
・食事《しょくじ》の前《まえ》	（　）	（　）
・食《た》べ終《お》わったとき	（　）	（　）
・あやまるとき	（　）	（　）

2 話《はな》しかけるきっかけをつかみたいとき

**お母《かあ》さんにたのまれて、八百屋《やおや》にダイコンを
買《か》いに行《い》った。でも、八百屋《やおや》のおじさん、
いそがしそうでなかなかこっちを見《み》てくれないよ。
なんて声《こえ》をかけたらいいのかな？**

人《ひと》に何《なに》かをたずねたり、だれかに話《はな》しかけたりするときのきっかけのことばをおぼえておこう。

そのまま、「ダイコンください」でもいいけど、ちょっとしたことば="クッションことば"をつけたして、

「すみません。ダイコンください!!」

って言《い》ったほうが、やわらかい感《かん》じがすると思《おも》わない？

"クッションことば"は、友《とも》だちや先生《せんせい》、家族《かぞく》に声《こえ》をかけるときにも使《つか》える。たのみごとをしたり、言《い》いづらいことを言《い》ったりするときにも、使《つか》ってみよう。おたがいの気《き》持《も》ちがやわらかくなって、言《い》ったほうも言《い》われたほうも、両方《りょうほう》とも気《き》分《ぶん》がよくなることばだよ。

ワーク 1 クッションことばを、アミダで楽《たの》しくマスターしよう。

■だれかにものをたずねるとき

横線《よこせん》を自由《じゆう》に入《い》れて、たどりついたクッションことばを声《こえ》に出《だ》して言《い》ってみよう。

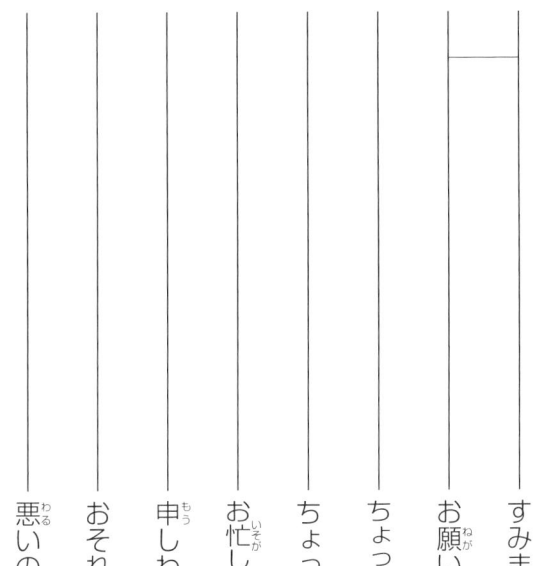

すみませんが……

お願《ねが》いします……

ちょっとおうかがいしますが……

ちょっとお聞《き》きしますが……

お忙《いそが》しいところすみません……

申《もう》しわけありませんが……

おそれいりますが……

悪《わる》いのですが……

！ 外《そと》で、トイレの場所《ばしょ》を聞《き》きたいときや、おまわりさんに道《みち》を聞《き》きたいときなど知《し》らない人《ひと》にも使《つか》えるよ！

！ ちょっとしたことばをつけくわえるだけで、相手《あいて》の受《う》け取《と》り方《かた》はずいぶん変《か》わってくる。クッションことばは、気持《きも》ちよくコミュニケーションするコツだよ！

ワーク 2 友《とも》だちや家族《かぞく》にも、クッションことばを使《つか》ってみよう。

■ちょっと何《なに》かをたのむとき

- ごめ〜ん、悪《わる》いんだけど、できたら○○○○してくれる？
- 悪《わる》い！　たのまれてくれる？
- あとでもいいんだけど……
- お願《ねが》い！
- やってほしいことがあるの。
- ○○してください。
- お願《ねが》いがあるんだけど…
- いま、いい？
- あのー、いいですか？
- ちょっといいですか？

3 はじめての人《ひと》と話《はな》すとき

はじめて会《あ》う人《ひと》と、どんなふうに話《はな》したらいいかわからない。すごくキンチョーしちゃうんだ。もうたのむから、話《はな》しかけないでくれ！

一度《いちど》も話《はな》したことのない人《ひと》に話《はな》しかけるとき、ドキドキする。たぶん、ほとんどの人《ひと》がそうだよ。

だけど、ドキドキを乗《の》りこえて、勇気《ゆうき》をふりしぼって話《はな》してみると、なれてくるものなんだ。

二度三度《にどさんど》と、何度《なんど》かチャレンジするうちに、ドキドキは少《すく》なくなってラクになるよ。だから、ふだんからいろんな人《ひと》と話《はな》してみよう。

だってさ、もしかしたら迷子《まいご》になったり、だれかに話《はな》しかけて道《みち》を聞《き》かきゃならないときがあるかもしれないもんね。

じぶんはできないとこころに壁《かべ》をつくらないで、どんどんいろんな人《ひと》と話《はな》してみようよ！

ワーク 1　キミはだれと話《はなし》ができる？　□にチェックしてね！

例《れい》）☑ お父《とう》さん、お母《かあ》さん、きょうだい

□ おじいさん、おばあさん、おじさん、おばさん

□ なかよしの友《とも》だち

□ 担任《たんにん》の先生《せんせい》、校長先生《こうちょうせんせい》、保健室《ほけんしつ》の先生《せんせい》

□ おけいこの先生《せんせい》、塾《じゅく》の先生《せんせい》

□ お父《とう》さん、お母《かあ》さんの友《とも》だち

□ きょうだいの友《とも》だち

□ あまり話《はな》したことのない友《とも》だち

□ お父《とう》さん、お母《かあ》さんの会社《かいしゃ》の人《ひと》

□ 友《とも》だちのお母《かあ》さん、お父《とう》さん

□ コンビニ・スーパーの店員《てんいん》さん

□ おまわりさん

□ 近所《きんじょ》の人《ひと》

□ 駅員《えきいん》さん

□ 病院《びょういん》の先生《せんせい》・看護師《かんごし》さん

□ 図書館《としょかん》の人《ひと》

ワーク 2　キミはちゃんと言《い》えるかな？

□ 友《とも》だちの話《はなし》や学校《がっこう》であったこと

□ あそびにさそうこと

□ 勉強《べんきょう》でわからないところをたずねること

□ からだの具合《ぐあい》が悪《わる》いこと

□ 道《みち》をたずねること

□ 塾《じゅく》や習《なら》いごとを休《やす》むという連絡《れんらく》

□ 乗《の》ろうとしている電車《でんしゃ》が、じぶんの行《い》きたい駅《えき》に行《い》くかたずねること

4 だれかと友《とも》だちになりたいとき

**今日《きょう》から新学期《しんがっき》。新《あたら》しいクラスになった。
友《とも》だち、ほしいなぁ。
どうやって話《はな》しかけたらいいのかな？**

友《とも》だちがほしいとき、あなたならどうする？　だれかに話《はな》しかけられるのを、待《ま》ってる？　それもありかもしれないね。

でも、ちょっと勇気《ゆうき》を出《だ》してじぶんから話《はな》しかけてみようよ。

「そのシャーペン、かわいいね。どこで買《か》ったの？」

「テレビ番組《ばんぐみ》は、何《なに》が好《す》き？」

聞《き》いたら、今度《こんど》はじぶんのことも話《はな》してみよう。興味《きょうみ》があることなら、きっと相手《あいて》の子《こ》も話《はな》したくなるよ。

そして、友《とも》だちづくりに大切《たいせつ》なのはひと目《め》見《み》たときのその人《ひと》の印象《いんしょう》。ニコニコしたり、明《あか》るい感《かん》じの人《ひと》って話《はな》しかけやすいと思《おも》わない？　だから、話《はな》しかけられやすい人《ひと》になることも大切《たいせつ》だよ。

ワーク 1 きっかけのことばを考《かんが》えてみよう。

■持《も》ち物《もの》など、身近《みぢか》なことを話題《わだい》にしよう。

例《れい》）そのシャーペン、かわいいね。どこで買《か》ったの？　そのスニーカーどこで売《う》ってた？

・

・

■共通《きょうつう》のことをさがす質問《しつもん》をつくろう。

例《れい》）どこに住《す》んでるの？　どんなマンガが好《す》きなの？

・

・

■じぶんのことを話《はな》してみる。

例《れい》）○○が好《す》き。いま○○をやってる。

・

・

■○○しよう、とさそう。

例《れい》）「きょう遊《あそ》べる？」「いっしょに帰《かえ》らない？」「○○しない？」

・

・

ワーク 2 こんなとき、キミならなんて言《い》う？

・仲間《なかま》に入《い》れてほしいとき

・遠足《えんそく》でおべんとうをいっしょに食《た》べたいとき

・いっしょに帰《かえ》りたいとき

・いっしょにプールに行《い》きたいとき

・いっしょに買《か》いものに行《い》きたいとさ

5 仲直《なかなお》りしたいとき

ケンカした友《とも》だちと、仲直《なかなお》りしたい。
なんて言《い》ったらいいのかな。

仲直《なかなお》りしたい！と思《おも》っても、なかなかできないことって多《おお》い。ムシされたらこわいし、テレくさいし、きっかけがつかめない。

おとなでも、おなじ。お父《とう》さんとお母《かあ》さんがケンカしたときだって、仲直《なかなお》りはむずかしいんだ。

そこで、とっておきの「仲直《なかなお》りのきっかけづくり作戦《さくせん》」を紹介《しょうかい》するよ。

その❶　笑顔作戦《えがおさくせん》
その❷　がんばってじぶんからあやまる作戦《さくせん》
その❸　手紙《てがみ》・メール作戦《さくせん》
その❹　ほかの人《ひと》にきっかけを作《つく》ってもらう作戦《さくせん》
その❺　時間《じかん》をおく作戦《さくせん》

さぁ、仲直《なかなお》りしたいと思《おも》っている人《ひと》がいたら、作戦開始《さくせんかいし》だ！

ワーク YES《イエス》・NO《ノー》ですすむチャート

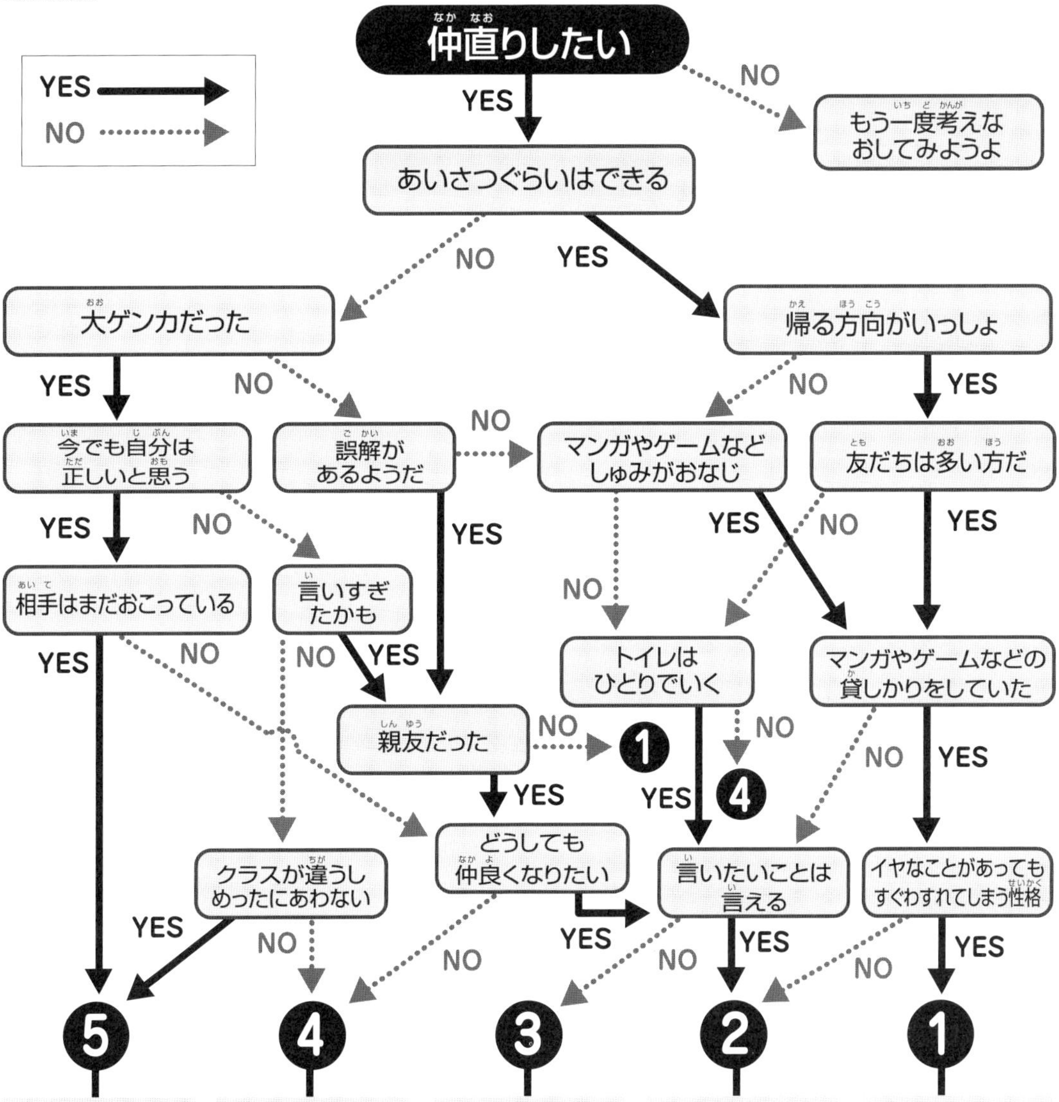

1

キミは…笑顔作戦《えがおさくせん》でいこう！

ケンカなんてなかったように明《あか》るく話《はな》しかけよう。笑顔《えがお》でさらっと「ごめんね」って言《い》えたらいいね。

2

キミは…がんばってじぶんからあやまる作戦《さくせん》でいこう！

思《おも》いきって「ごめんね！」とじぶんからあやまろう。相手《あいて》だって「こっちこそ」ときっと言《い》ってくれるよ。

3

キミは…手紙《てがみ》・メール作戦《さくせん》でいこう！

会《あ》って言《い》いにくい人《ひと》むけ。おちついて手紙《てがみ》やメールでじぶんの気持《きも》ちを伝《つた》えよう。

4

キミは…ほかの人《ひと》にきっかけを作《つく》ってもらう作戦《さくせん》でいこう！

言《い》いにくかったり、こじれているときには、共通《きょうつう》の友《とも》だちに仲直《なかなお》り役《やく》をたのもう。

5

キミは…時間《じかん》をおいてまつ作戦《さくせん》でいこう！

！ 一番《いちばん》だいじなのはことばや態度《たいど》に「気持《きも》ち」をこめるってこと。そのときに合《あ》ったどれかを、やってみよう。

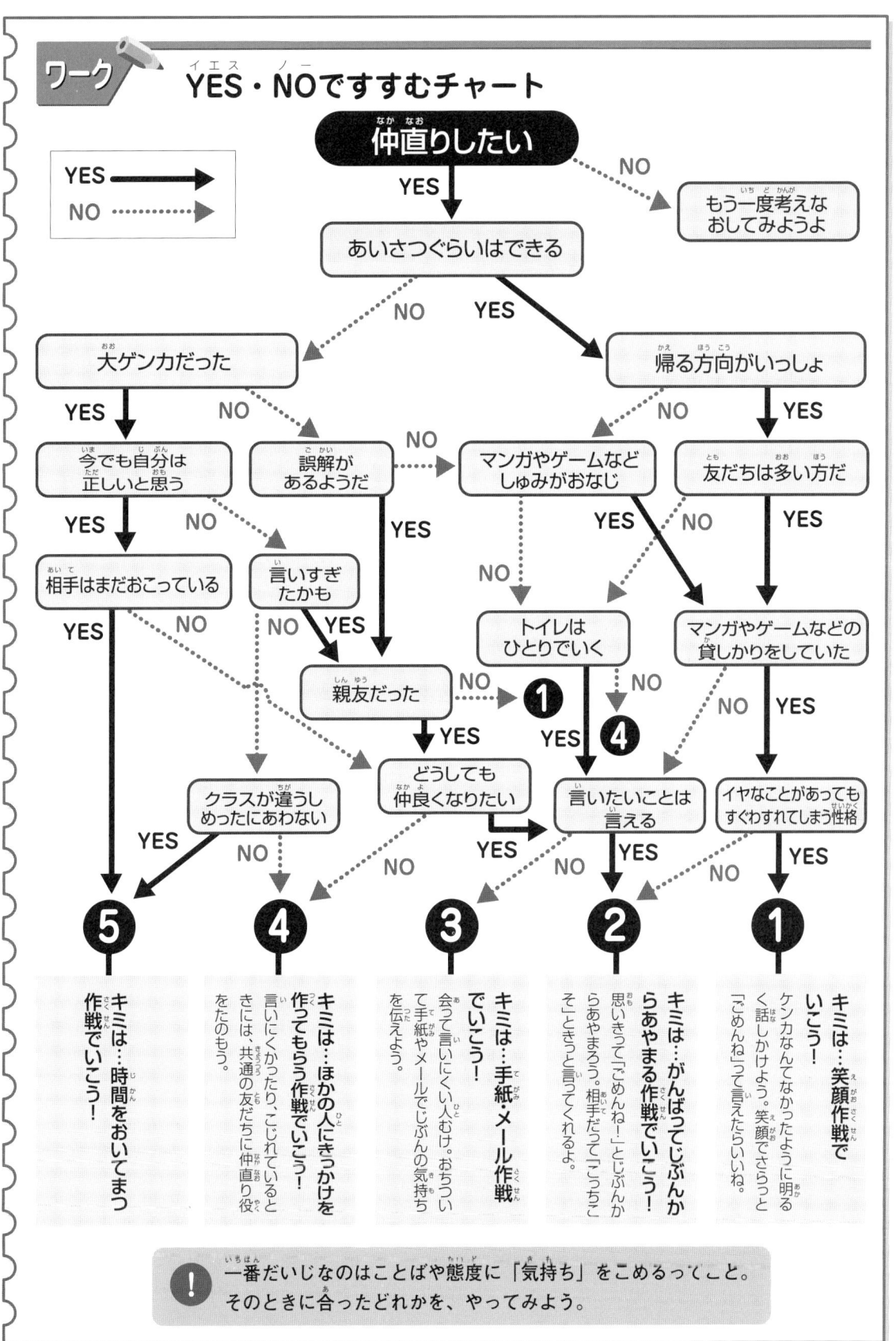

番外編《ばんがいへん》

お口《くち》のトレーニング！　早口《はやくち》ことばで遊《あそ》ぼう

　小《ちい》さな声《こえ》だったりモゴモゴと口《くち》ごもっていたら、せっかくのことばも相《あい》手《て》に届《とど》かないよね。だから、よく通《とお》るくっきりはっきりした話《はな》し方《かた》ができるように、お口《くち》のトレーニングをしよう！
「あ行《ぎょう》」と「お行《ぎょう》」は、なるべく口《くち》をたてにひらくことに気《き》をつけて発音《はつおん》してみてね。

■むかしからある早口《はやくち》ことば

隣《となり》の客《きゃく》はよく柿《かき》食《く》う客《きゃく》だ
坊主《ぼうず》が屏風《びょうぶ》に上手《じょうず》に坊主《ぼうず》の絵《え》を描《か》いた
生麦生米生卵（なまむぎなまごめなまたまご）
赤《あか》パジャマ青《あお》パジャマ黄《き》パジャマ
カエルぴょこぴょこ三《み》ぴょこぴょこ合《あ》わせてぴょこぴょこ六《む》ぴょこぴょこ
スモモも桃《もも》も桃《もも》のうち 桃《もも》もスモモも桃《もも》のうち
新人《しんじん》歌手《かしゅ》新春《しんしゅん》シャンソンショー
隣《となり》の竹《たけ》やぶに竹《たけ》立《た》てかけたのは、竹《たけ》立《た》てかけたかったから竹《たけ》立《た》てかけたのさ

■おもしろ早口《はやくち》ことば

東京《とうきょう》特許《とっきょ》許可《きょか》局《きょく》 局長《きょくちょう》作曲《さっきょく》特許《とっきょ》許可《きょか》組曲《くみきょく》（クレヨンしんちゃんより）
お綾《あや》や、親《おや》にお謝《あやま》り。お綾《あや》や八百屋《やおや》にお謝《あやま》りとお言《い》い
引《ひ》き抜《ぬ》きにくい挽《ひ》き肉《にく》は引《ひ》き抜《ぬ》きにくい温《ぬく》い肉《にく》
ブラジル人《じん》のミラクルビラ配《くば》り
手術室技術者施術中（しゅじゅつしつぎじゅつしゃしじゅつちゅう）
骨粗鬆症訴訟勝訴（こつそしょうしょうそしょうしょうそ）

■アナウンサーもかむ、むずかし発音《はつおん》ことば

貨客船万景峰号（かきゃくせんまんぎょんぼんごう）
火星探査車（かせいたんさしゃ）
高速増殖炉もんじゅ（こうそくぞうしょくろもんじゅ）
都道府県庁所在地（とどうふけんちょうしょざいち）
マサチューセッツ工科大学（まさちゅうせっつこうかだいがく）
老若男女（ろうにゃくなんにょ）

第《だい》2章《しょう》

気《き》持《も》ちを表現《ひょうげん》するトレーニング

6 相手《あいて》の気持《きも》ちを知《し》りたいとき

お母《かあ》さんの眉間《みけん》（眉《まゆ》と眉《まゆ》の間《あいだ》）にシワが!!
フキツな予感《よかん》……。
オレ、なんか悪《わる》いことをしたかなぁ～!?

コミュニケーションで大切《たいせつ》なのは、相手《あいて》の気持《きも》ちを考《かんが》えることなんだ。その人《ひと》が、今《いま》どんな気持《きも》ちなのか、うれしいか、悲《かな》しいか、さびしいか……。相手《あいて》の気持《きも》ちに合《あ》わせて、ことばのかけ方《かた》はかわってくる。フキツな予感《よかん》がするときには、「ねぇ、ゲームソフト買《か》って！」なんて言《い》わないこと。

相手《あいて》の気持《きも》ちを知《し》るには、顔《かお》の表情《ひょうじょう》や声《こえ》の調子《ちょうし》、しぐさで相《あい》手《て》の気持《きも》ちを判断《はんだん》するんだ。でも、ときどき、悲《かな》しい気持《きも》ちで笑《わら》っていることもあるし、うれしくてもこわい顔《かお》をしている人《ひと》もいるよね。

「じぶんが○○だったらどう思《おも》うかな？」って想像力《そうぞうりょく》をはたらかせることが必要《ひつよう》だ。

ワーク 1 この子《こ》の気持《きも》ちを考《かんが》えてみよう。

◎この子《こ》は、どんな気持《きも》ちだと思《おも》う？

・どうしてわかるの？

・あなただったら、どうされたらこんな気持ちになる？

◎この子《こ》は、どんな気持《きも》ちだと思《おも》う？

・どうしてわかるの？

・あなただったら、どうされたらこんな気持《きも》ちになる？

◎この子《こ》は、どんな気持《きも》ちだと思《おも》う？

・どうしてわかるの？

・あなただったら、どうされたらこんな気持《きも》ちになる？

◎この子《こ》は、どんな気持《きも》ちだと思《おも》う？

・どうしてわかるの？

・あなただったら、どうされたらこんな気持《きも》ちになる？

ワーク 2 キミのまわりの人《ひと》の気持《きも》ちについて、考《かんが》えてみよう。

〔その人《ひと》の名前《なまえ》〕

どんな気持《きも》ちだと思《おも》う？

〔その人《ひと》の名前《なまえ》〕

どんな気持《きも》ちだと思《おも》う？

7 「ビミョ〜」って答《こた》えたくなっちゃうとき

社会科見学《しゃかいかけんがく》から帰《かえ》ってきて
「楽《たの》しかった？」って聞《き》かれるのが、こまる。
「ビミョ〜」なんだよね。

どう話《はな》してよいかわからないときってあるよね。親《おや》にわざわざ言《い》いたくない気持《きも》ちもあるかもしれない。説明《せつめい》するのがめんどうってこともあるよね。

だけど、すこしでいいから「じぶんが感《かん》じたこと」をことばにしてみようよ。たいていは、いいこととわるいことがまざっているから、「ビミョ〜」という表現《ひょうげん》になっちゃうんじゃないかな。「楽《たの》しかった」と「つまんなかった」が両方《りょうほう》あるのかもしれないね。

ひとことで表《あらわ》さなくてもいいんだ。「○○が楽《たの》しかった」「△△は好《す》きではなかった」と分《わ》けて言《い》うのもアリだよ。

ワーク1 こころの中《なか》をのぞいて、気持《きも》ちを表《あらわ》してみよう。

①じぶんの気持《きも》ちはどのへんかな？ ◯ を書《か》いてみよう。

②楽《たの》しかったことは何《なに》かな？　つまらなかったことは何《なに》かな？
思《おも》い出《だ》して書《か》いてみよう。

例《れい》）社会《しゃかい》科《か》見学《けんがく》

① ← 楽《たの》しかった ｜ つまらなかった →

じぶんの気持《きも》ち

②

楽《たの》しかった	つまらなかった
・ベルトコンベアがおもしろかった	・ふざけていたら、先生《せんせい》におこられた
・ジュースを飲《の》ませてもらえた	・たくさん歩《ある》いたのでつかれた
・お菓子《かし》交換《こうかん》	
・バスの中《なか》で歌《うた》った歌《うた》	

ワーク2 家族《かぞく》で出《で》かけたことや、学校《がっこう》で運動会《うんどうかい》、学芸会《がくげいかい》、遠《えん》足《そく》があったときのことを思《おも》い出《だ》して、ワーク1のように気持《きも》ちを表《あらわ》してみよう。

← 楽《たの》しかった ｜ つまらなかった →

！じぶんの気持《きも》ちはどのあたり？

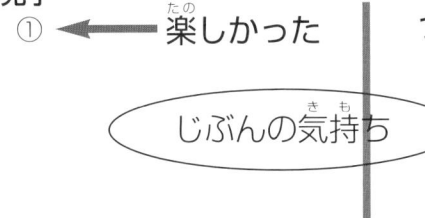

8 うれしいとき♪

**帰《かえ》りの会《かい》で、私《わたし》のことで男子《だんし》がウソをついた。
M《エム》ちゃんが「それはちがいます」とかばってくれた。
うれしかった。**

うれしい♪

でもさ、こころの中《なか》だけで「うれしかった、ありがとう……」と思《おも》っていても、だまっていたら、相手《あいて》にはわからないよ。ことばで伝《つた》えないと。「わかってくれているだろう」なんて、キミだけが思《おも》っていることかもしれないよ。

「うれしかった。ありがとう」と声《こえ》に出《だ》してみようよ。てれくさいときもあるよね。でも、じぶんがそう言《い》ってもらえたら、うれしいと思《おも》わない？

うれしい気持《きも》ちを伝《つた》えると、相手《あいて》にも伝染《でんせん》してうれしいが２倍《ばい》になるからためしてみて。

ワーク　キミはどんなふうに「ありがとう！」の気持《きも》ちを表《あらわ》すかな？

◎好《す》きな伝《つた》えかたを選《えら》んで、いくつでもいいから○をつけてね。

あくしゅ

えがお

ハイタッチ

手紙《てがみ》

おじぎ

ピースの合図《あいず》

メール

★いろんな「ありがとう」があるよ！★

「おおきに」（関西弁《かんさいべん》）
「すまんのう」（広島弁《ひろしまべん》）
「あいがとしゃげもした」（鹿児島弁《かごしまべん》）
「ありがとごしてす」（青森弁《あおもりべん》）
「どんも、おぎぃなぁ」（秋田弁《あきたべん》）
「サンキュー」（英語《えいご》）
「グラッチェ」（イタリア語《ご》）
「グラシアス」（スペイン語《ご》）
「シェイシェイ」（中国語《ちゅうごくご》）
「バイルラー」（モンゴル語《ご》）
「キートス」（フィンランド語《ご》）
「ダニャワード」（ヒンディー語《ご》）

「ありがとさん」（大阪弁《おおさかべん》）
「だんだん」（鳥取弁《とっとりべん》）
「にふぇーでーびる」（沖縄弁《おきなわべん》）
「あんがとの」（新潟弁《にいがたべん》）
「いやいらぃけれ」（アイヌ語《ご》）
「メルシー」（フランス語《ご》）
「ダンケ」（ドイツ語《ご》）
「カムサハムニダ」（韓国語《かんこくご》）
「カムオン」（ベトナム語《ご》）
「タック」（スウェーデン語《ご》）
「スパシィーバ」（ロシア語《ご》）
「オブリガード」（ポルトガル語《ご》）

9 なんだかモヤモヤしているとき

**なんかよくわかんないんだけど、
なんだかきょうは、モヤモヤしてる。**

モヤモヤしてて、じぶんの気持《きも》ちがわからないときって、あるよね。こころにはいろんな感情《かんじょう》がつめこまれている。だから、ひとことで表《あらわ》そうとするところにむりがあるんだ。そんな"ちらかったこころの中＝モヤモヤ"を整理《せいり》してみると、気《き》づかなかったじぶんの気持《きも》ちも見《み》えてくるよ。

"クモのすウェブ"っていう便利《べんり》な方法《ほうほう》を使《つか》って、じぶんのこころの中《なか》を整理《せいり》してみよう。

ワーク　モヤモヤした気持《きも》ちを紙《かみ》に書《か》き出《だ》し頭《あたま》の中《なか》を整理《せいり》しよう。

■「クモのすウェブ」の書《か》き方《かた》

①まずはじめに紙《かみ》のまん中《なか》に、○をかいてそのなかにテーマを書《か》く。
頭《あたま》の中《なか》にうかんだことを、単語《たんご》でも気持《きも》ちでもいいので紙《かみ》に書《か》き出《だ》してみよう。

②書《か》いたことばから、また次《つぎ》にうかんだことばを線《せん》でつないで書《か》いていく。

！ 思《おも》いついたことばをどんどん書《か》いていくことがポイントだよ。もし、何《なに》もうかばないようなときには、大《おお》きく息《いき》をしたり、まわりを見回《みまわ》してみよう。

楽《たの》しかったこともあったけど、S《エス》くんがあやまってくれなかったから頭《あたま》にきた。

10 からかわれてヘコんだとき

メガネをかけているから、クラスの男子《だんし》が
「や〜い、メガネザル！」ってからかってくる。

からだの特《とく》ちょうをからかわれて、「なによ〜！　アンタだって、○○じゃない！」と強《つよ》く言《い》える子《こ》はいいな。そんなパワーがあればなあ、って思《おも》ったあなた。きっとこころがやさしいんだね。

やさしい子《こ》は、「ワタシ、ホントにみっともないから、言《い》われちゃうんだな」って、「じぶんが悪《わる》い」「じぶんをはずかしい」と思《おも》ってしまう。でも、ぜったいにそれはちがうからね。

からかってきた子《こ》のほうが、悪《わる》い！

じぶんをはずかしく思《おも》うことは、ぜ〜んぜんないよ。

じぶんをじぶんで責《せ》めちゃいけない！

じぶんでじぶんの味方《みかた》になってあげようね！

ワーク　じぶんの味方《みかた》になってあげるトレーニング

◎鏡《かがみ》の前《まえ》に立《た》って鏡《かがみ》の中《なか》にいるじぶんに向《む》かって、つぎのことばを声《こえ》に出《だ》して言《い》ってみよう。
ことばをじぶんの耳《みみ》から聞《き》くことが大事《だいじ》なんだ。

・けっこういけてるよ。
・このかっこよさが、わかんないかなぁ〜。
・ぜんぜんおかしくないよ
・頭《あたま》よさそう！
・メガネってはやってるよね。
・ぼくって、○○（メガネをかけた好《す》きなタレント）ににてない？

・ヤセたらぼくじゃないみたいだし。
・"いやし系《けい》"っていうんだよ。
・やさしそうだよね。
・こころも豊《ゆた》かって感《かん》じがするよ。
・みんながやせすぎなんじゃない？
・ぽっちゃりも悪《わる》くないよ。
・かっこよくない？

・気《き》にしない！
・成長期《せいちょうき》、先《さき》はまだ長《なが》い（中学《ちゅうがく》・高校《こうこう》でも伸《の》びるから）。
・かわいいじゃない！
・バランスがとれてるから、スタイルいい！
・サンショウは小粒《こつぶ》でもピリリと辛《から》い。※
・あとから伸《の》びるほうが、結果的《けっかてき》には高《たか》くなるんだって。
・歴史上《れきしじょう》の美女《びじょ》は、背《せ》が低《ひく》かったのよ。
・だいじなのは、こころの大《おお》きさよ。

※からだは小《ちい》さいが、才気《さいき》・うでまえはひけをとらないという意味《いみ》

11 仲《なか》がいい子《こ》にからまれたとき

仲《なか》よくしているグループのK《ケイ》くんたちが、笑《わら》いながら背中《せなか》とか頭《あたま》を思《おも》いっきりたたいたり、うしろからけってきたりするんだ……。

じぶんの気持《きも》ちはどうなの？　いやなの？　平気《へいき》なの？　人《ひと》それぞれ感《かん》じ方《かた》がちがうから、同《おな》じことをされても平気《へいき》な人《ひと》もいればいやだと思《おも》う人《ひと》もいる。

あなたはどっちなの？　じぶんのこころに聞《き》いてみよう。ホントにイヤで、やめてほしかったら、「いやだ！」「やめてよ！」ということを、とにかく伝《つた》えよう。理由《りゆう》やこまかいことはあとまわしでいい。まわりの人《ひと》にも聞《き》こえる大《おお》きな声《こえ》で言《い》うんだよ。

あなたがいやがっていることを、K《ケイ》くんたちだけじゃなく、まわりの人《ひと》にも知《し》ってもらうことがだいじだから。

ワーク 1　じぶんのほんとの気持《きも》ちは、どうなんだろう？

・友《とも》だちをなくしたくないからガマンする。　（ はい・いいえ ）

・みんなと仲《なか》よくしたいから、気《き》にしないことにする。　（ はい・いいえ ）

・たまにイヤなときがあるけど、このぐらいならだいじょうぶ。　（ はい・いいえ ）

・みんなが楽《たの》しいから、まあいいや、って思《おも》っている。　（ はい・いいえ ）

・友《とも》だちの和《わ》をこわしたくない。　（ はい・いいえ ）

・ひとりになるのがこわい。　（ はい・いいえ ）

・愛《あい》される「いじられキャラ」も、まあいいかな……。　（ はい・いいえ ）

◎「はい」が多かったきみ、みんなに気を使っているんだね。でも、どうしてもガマンができなくなったときにはじぶんの気持ちをはっきり伝えよう。ワーク2でトレーニングだ。

ワーク 2　「こころを強《つよ》くするトレーニング」。本番《ほんばん》の前《まえ》に予行練習《よこうれんしゅう》をしよう。

◎おうちや、だれもいないところで、声《こえ》を出《だ》してみよう。できるだけ、おなかのそこから声《こえ》を出《だ》すつもりで、ゆっくりと言《い》おう。だれもいないところでためしてみるんだ。

「やめてよ！」
「いやなんだ！」
「ボク（わたし）はこんなことされたくない！」
「なんでそういうことするの？」

❗どんなことばでもいい。声《こえ》は低《ひく》い方《ほう》がいい。はっきりと、力《ちから》をこめて。

◎顔《かお》の表情《ひょうじょう》は、どうかな？　鏡《かがみ》を見《み》てみよう。

ヘラヘラとふざけてるように見《み》えたら、やり直《なお》し！
「しんけんな顔《かお》」で言《い》う練習《れんしゅう》をしよう。

◎実際《じっさい》に成功《せいこう》したときのことをイメージしてみよう。

◎もし、勇気《ゆうき》を出《だ》して言《い》っても変《か》わらないときには、大人《おとな》（あなたが一番信頼《いちばんしんらい》している人《ひと》）に相談《そうだん》するんだよ。

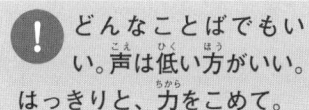

12 みんなに合《あ》わせるのが苦《くる》しくなったとき

A《エー》くんが、スイミングスクールのロッカールームで
100円玉《えんだま》をひろって、みんなに
「帰《かえ》りにこれでおごってやるよ」って言《い》った。
だれもなにも言《い》わないから、ボクも10円《えん》のガムを
買《か》ってもらってしまった。
ほんとはほかの子《こ》が落《お》とした100円玉《えんだま》なんじゃないかな？
コーチに言《い》ったほうがいいんじゃないかなあ……。

つい、「このぐらい（10円《えん》）なら、いいかな……」「みんなとおなじことをしないと、いい子《こ》ぶってるように見《み》えるかも……」って思《おも》ってしまったんだね。

うんうん、そうか……。でもさ、なんとなくスッキリしないのなら、じぶんのホントの気持《きも》ちをよ～く考《かんが》えてみよう。

「おかしいな」「ちがうな」って思《おも》ったら、ひとりでもがんばれる"ひとりでいる勇気《ゆうき》"を持《も》たなきゃならないときもあるよ。

ワーク　ひとりでいる勇気《ゆうき》、あるかな？

◎ あてはまる数字《すうじ》に、○をつけてみよう。

1. ひとりでバス（電車《でんしゃ》）にのることができる。
2. ひとりでるす番《ばん》ができる。
3. 知《し》っている人《ひと》のいない集《あつ》まり（スポーツキャンプなど）に参加《さんか》できる。
4. ひとりで保健室《ほけんしつ》に行《い》ける。
5. 仲《なか》よしの子《こ》が、ほかの子《こ》と遊《あそ》んでいてもべつに平気《へいき》。
6. さそわれても用事《ようじ》があったら「きょうは、やめとく」と言《い》える。
7. ひとりでも反対意見《はんたいいけん》を言《い》える子《こ》を、カッコイイと思《おも》う。
8. あの子《こ》はあの子《こ》、じぶんはじぶん、と思《おも》っている。
9. みんなが知《し》っていると言《い》っても、じぶんが知《し》らなければ「知《し》らない」と言《い》える。
10. 人《ひと》はみんなちがうのだから、考《かんが》え方《かた》がちがっていてもあたりまえだと思《おも》う。

◎ ○はいくつあったかな？

○が0～3コのキミ

キミはちょっとさびしがりやさんかな？
すこしずつ、ひとりでもいろんなことができるようになるといいね。

○が4～6コのキミ

だいぶ、ひとりでいることができるようになっているね。
あともう一歩《いっぽ》だから、できそうなところからやってみよう。

○が7～10コのキミ

ひとりでいる勇気《ゆうき》を持《も》っているようだね。そのちょうしで、がんばれ！

13 シカトする側《がわ》になっちゃったとき

Ｋ《ケイ》ちゃんに、Ｓ《エス》ちゃんと口《くち》をきいちゃいけないって言《い》われて、みんなでシカトしている。ほんとはわたし、Ｓ《エス》ちゃんのことキライじゃないんだけど。

こういう経験《けいけん》したこと、ある？　そのとき、あなたはどう感《かん》じた？　よ～く考《かんが》えてみてね、じぶんの気持《きも》ち。それから、もしじぶんがＳ《エス》ちゃんだったら、あなたはどんな気持《きも》ちだと思《おも》う？　反《はん》対《たい》に、もしＫ《ケイ》ちゃんだったら、どんな気持《きも》ちだと思《おも》う？

じぶんの立場《たちば》もあるかもしれないね。だけど、たとえひとりでも、見守《みまも》ってあげる人《ひと》になるのは、むずかしいことかな？

ワーク 想像《そうぞう》してみよう。

◎S《エス》ちゃんになったつもりで、想像《そうぞう》してみよう。

どんな気《き》持《も》ちだと思《おも》う？

・

・

・

・

◎K《ケイ》ちゃんになったつもりで、想像《そうぞう》してみよう。

どんな気《き》持《も》ちだと思《おも》う？

・

・

・

・

◎「わたし」になったつもりで、想像《そうぞう》してみよう。

どんな気《き》持《も》ちだと思《おも》う？

・

・

・

・

◎たとえひとりでも、S《エス》ちゃんを見《み》守《まも》れる人《ひと》になるには、どうしたらいいのかな？

じぶんができそうなことは、ないかな？

・

・

・

・

14 キレそうなとき

○○○でキレそうになった。
なぐろうと思《おも》って、手《て》をあげた……。

ムカついたとき、あなたはガマンできなくて手《て》や足《あし》を出《だ》したくなる？　ん〜、そうか。

ところで、知《し》ってる？　赤《あか》ちゃんは思《おも》った通《とお》り、感《かん》じた通《とお》りに、すぐに泣《な》く。そう、ガマンができないんだ。でも、だんだん大《おお》きくなるにしたがって、じぶんをコントロールするようになる。

あなたはもう小学生《しょうがくせい》なんだから、じぶんの「怒《いか》りの気持《きも》ち」をコントロールできたほうが、カッコイイよ。

キレそうになったとき、いい方法《ほうほう》がふたつある。

❶深呼吸《しんこきゅう》する。

❷人《ひと》ではないところに、怒《いか》りの気持《きも》ちをはき出《だ》す。

まちがっても、怒《いか》りを人《ひと》にぶつけちゃいけないよ。キレそうになったら、この方法《ほうほう》で怒《いか》りのコントロールだ。

ワーク 1 怒《いか》りをおさえるトレーニング

◎やってみよう！

・1、2、3、4、5……できるだけゆっくり数《かぞ》える。

・空気《くうき》を胸《むね》にいっぱいすいこんで、ゆっくり息《いき》をはき出《だ》す。

・その場所《ばしょ》をはなれる。

・頭《あたま》の中《なか》で怒《いか》りの「フタをしめた」とイメージする。

・水《みず》を一気《いっき》飲《の》みする。

ワーク 2 気持《きも》ちをはき出《だ》すトレーニング

◎「はき出《だ》してもOK《オッケー》」っていう「こと」や「もの」があるよ。

・全速力《ぜんそくりょく》で走《はし》る。

・サッカーボールを思《おも》いっきりける。

・大声《おおごえ》を出《だ》す（泣《な》くのもいい）。

・古《ふる》い新聞紙《しんぶんし》を丸《まる》める。破《やぶ》る。

・まくらやクッションをなぐる
（いくらたたいてもいいからね）。

・ノートや紙《かみ》に思《おも》ったことを書《か》きなぐる
（落《お》ちついてから読《よ》むと意外《いがい》におもしろい）。

ワーク 3 ガマンの限界《げんかい》ポイントをさがす。

◎キミが「キレる」あるいは「キレた」原因《げんいん》はなにかな？　書《か》き出《だ》してみよう。
じぶんの限界《げんかい》ポイントを知《し》っておくと、冷静《れいせい》になれる。

例《れい》）朝《あさ》ねむいのに、起《お》こされたとき

・

・

・

・

15 どうせじぶんなんて…と思《おも》ったとき

**お姉《ねえ》ちゃんは、頭《あたま》がよくて、なんでもよくできる。
お父《とう》さんもお母《かあ》さんもなにかというと、
お姉《ねえ》ちゃんと私《わたし》をくらべる。
どうせわたしなんて……。**

　こんなときって、悲《かな》しいよね。さびしいよね。くやしいよね…。でも、あなたはそんなことをまったく顔《かお》に出《だ》さないで、気《き》づかれないように明《あか》るくふるまっているんじゃないかな？　こころが痛《いた》くなるようなツライ気持《きも》ち。あるんだったら、打《う》ち消《け》さなくていいんだよ。その気持《きも》ちも、じぶんなんだもの。

　泣《な》いたっていいんだよ！

　そして、ほんとに苦《くる》しいとき、だれかに気持《きも》ちを言《い》ってみると、こころが軽《かる》くなることもあるよ。

ワーク 1　あなたの今《いま》のこころのぐあいは、どんな感《かん》じ？　この中《なか》にある？

◎じぶんの気持《きも》ちを絵《え》で表《あらわ》してみよう。

ワーク 2　じぶんの気持《きも》ちを書《か》き出《だ》してみよう。

・

・

・

・

紙《かみ》に書《か》いてみると、冷静《れいせい》になれるし、あとで読《よ》んでみて整理《せいり》しやすいよ。
それに、落《お》ち着《つ》いてみればたいしたことじゃないこともあって「なぁんだ、こんなことか」って、思《おも》うこともあるよ。

★ まわりに悩《なや》みを相談《そうだん》できる人《ひと》がいないときは……

チャイルドライン　→　http://www.childline.or.jp/
ホームページに全国各地《ぜんこくかくち》の電話番号《でんわばんごう》がのってるよ。
ヤングテレホン　→　電話《でんわ》 03-3580-4970

スペシャル編《へん》

ほめるトレーニング！　ほめるスペシャリストになろう

ほめらるとだれでもうれしい。友《とも》だちのいいところ、がんばったところを素直《すなお》にほめることができる人《ひと》ってステキだよね。ちょっとてれくさいかもしれないけど、すごいなと感動《かんどう》したらそのままの気持《きも》ちを、顔《かお》やからだの表情《ひょうじょう》に出《だ》してみよう。じぶんだったらどんなふうに言《い》われたらうれしい？

■好《す》きなほめことばに、○をつけよう。そして、きょう中《じゅう》に使《つか》ってみよう！

わぁ〜〜〜!!	やった〜	すご〜〜い！
いいなあ〜	カッコイイ！	すばらしい！
すごいじゃん！	がんばったね！	やったね！
おめでとう！	これからもがんばってね！	バッチグー
イェ〜〜イ!!!	すてき！	いいね！
やる〜	さすが〜	日本一《にっぽんいち》！

第《だい》3章《しょう》

わかりやすく話《はな》すトレーニング

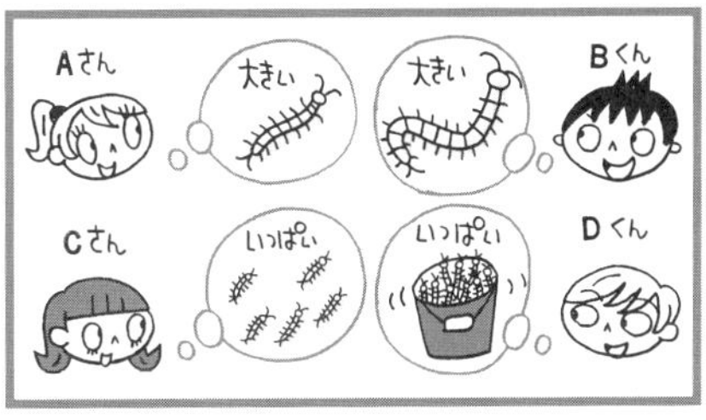

16 見《み》た目《め》やふんいきを伝《つた》えたいとき

**うちに、小《ちい》さな犬《いぬ》が来《き》た。
友《とも》だちに話《はな》すとき、
どうやって話《はな》したらいいかな？**

「犬《いぬ》を飼《か》ったんだよ」
「どんな犬《いぬ》？」
「ちょーかわいい犬《いぬ》！」

これじゃわかんないよね。「ちょーかわいい」って言《い》われて、どんな子犬《こいぬ》を思《おも》いうかべる？

人《ひと》それぞれ「ちょーかわいい」のイメージはちがうから、どんな犬《いぬ》かよく伝《つた》わらないよ。相手《あいて》にわかりやすく話《はな》すには、相手《あいて》が頭《あたま》の中《なか》にイメージできるように、絵《え》をかくように話《はな》してみよう。

・犬《いぬ》の種類《しゅるい》　・大《おお》きさ　・色《いろ》　・毛《け》のようす　・特《とく》ちょう

「ミニチュアダックス」「トイプードル」「シバ犬《いぬ》」など、相手《あいて》が頭《あたま》の中《なか》に絵《え》をかけるように、話《はな》してみよう。

ワーク1　ふたり一組《ひとくみ》になって、つぎの絵《え》をことばで説明《せつめい》してみよう。

◎イラストを見《み》せないで、ことばだけで説明《せつめい》しよう。
イメージがよく伝《つた》わった説明《せつめい》だったか、イラストとくらべてみよう。

例題《れいだい》)

犬《いぬ》の説明《せつめい》：

・犬《いぬ》の種類《しゅるい》………プードル
・大《おお》きさ…………小《ちい》さい犬《いぬ》（このくらいと手《て》で表《あらわ》す）
・色《いろ》………………白《しろ》
・毛《け》のようす……ふわふわ・やわらかい・
　　　　　　　　　くるくるしている・短《みじか》い
・特《とく》ちょう………胴《どう》が長《なが》い・足《あし》が短《みじか》い

問題《もんだい》1

問題《もんだい》2

！ はじめに、「犬《いぬ》」とか「女《おんな》の人《ひと》」とか「バッグ」とか、大《おお》きなくくりから説明《せつめい》するんだよ（トレーニング22を見《み》てね）。そのつぎに細《こま》かいところを説明《せつめい》しよう。

ワーク2　話《はな》したとおりにかけるかな？

◎絵《え》かき歌《うた》　かわいいコックさん

♪ぼうが一本《いっぽん》あったとさ、はっぱかな？
はっぱじゃないよカエルだよ、
かえるじゃないよアヒルだよ。
6月6日《ろくがつむいか》に雨《あめ》ざーざーふってきて、
三角《さんかく》じょうぎにひびいって、
コッペパン2つ、マメ3つ。
あっという間《ま》にかわいいコックさん♪

17 わかりやすく説明《せつめい》したいとき

……。
ポテトチップス
ピカチュウってのはお菓子の種類かい？

おじいちゃんが、
「ピカチュウってなんだい？」って言《い》う。
どうやって伝《つた》えよう？

ピカチュウのことまったく知《し》らないおじいちゃんに、その形《かたち》を説明《せつめい》するとき、なんて言《い》ったらいいだろうね。「ネズミみたいで黄色《きいろ》くて耳《みみ》が長《なが》いの。しっぽはカミナリみたいにギザギザしてるよ」って言《い》ったらどうだろうか？　おじいちゃんもよく知《し》っているものにたとえると、わかりやすく伝《つた》えることができるよね。

相手《あいて》にわかってもらう方法《ほうほう》のひとつは、「○○みたいな」「○○のような」と、相手《あいて》が「知《し》っているもの」にたとえること。相手《あいて》がパッと思《おも》いうかぶものがいい。

ちびまる子《こ》ちゃんの永沢《ながさわ》くんの頭《あたま》を「タマネギみたいな」と言《い》うと、パッとうかぶでしょう？　「ソフトクリームみたいな雲《くも》」って言《い》えば、上《うえ》の方《ほう》にせりだした白《しろ》い雲《くも》が頭《あたま》の中《なか》にうかぶし、とってもわかりやすいよね。

ワーク 1 つぎのものを、別《べつ》のことばにたとえてみよう。

◎お父《とう》さんの大《おお》きなおなか　（　　　　　　）みたい

◎あかちゃんのやわらかいホッペ　（　　　　　　）みたい

◎おじさんのぼさぼさの髪《かみ》　（　　　　　　）みたい

ワーク 2 つぎの（　　　）にことばを書《か》きこんでみよう。

◎ [　　　] の中《なか》のことばから選《えら》んでもいいよ。

・（　　　　　　）みたいにいそがしい
・（　　　　　　）のようにつめたい
・（　　　　　　）みたいにやわらかい
・（　　　　　　）みたいにあたたかい
・（　　　　　　）みたいに大《おお》きい
・（　　　　　　）のように広《ひろ》い

クッション	お父《とう》さん　とうふ
お母《かあ》さん	空《そら》
こたつ	海《うみ》
こおり	春《はる》の風《かぜ》
わたあめ	アイスクリーム
先生《せんせい》	やきゅう場《じょう》
おふろ	ミツバチ　クマ

! ほかのことばも、考《かんが》えてみてね！

◎「○○くらい」というのもあるよ。

・先生《せんせい》にほめられて、さけび出《だ》したいくらいうれしい。
・けんかして、なきたくなるくらいつらい。
・遠足《えんそく》で歩《ある》きつづけたので、立《た》ち上《あ》がれなくなるくらいつかれた。

18 「大《おお》きい」をわかりやすく言《い》いたいとき

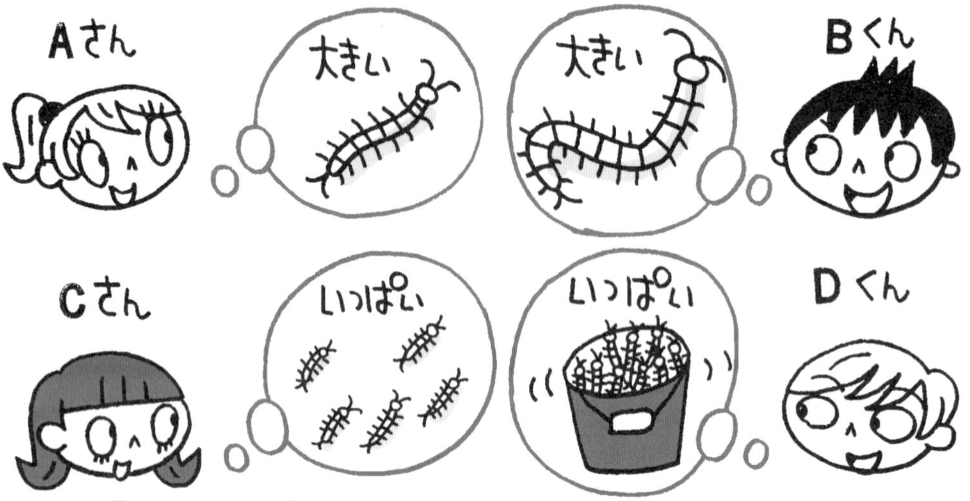

きのう公園《こうえん》で、すっごく大《おお》きなムカデがいっぱいいたのを見《み》た。

見《み》たものを説明《せつめい》するときに、「すっごく大《おお》きな」とか、「いっぱい」のような言《い》い方《かた》してない？

こういう言《い》い方《かた》、よくしちゃうんだけど、聞《き》いている人《ひと》にはわかりにくい。だって、人《ひと》によってイメージする大《おお》きさや数《かず》がちがうからね。

そういうときには「数字《すうじ》」で表《あらわ》してみるといいよ。たとえば、

すっごく大《おお》きい⇒「15cmくらいの大《おお》きなムカデ」

いっぱいいた　⇒「10匹《びき》はいた」

数字《すうじ》が入《はい》っていると、実際《じっさい》の大《おお》きさや数《かず》がよくわかって頭《あたま》の中《なか》でイメージしやすいでしょ？

ふだんの生活《せいかつ》の中《なか》で、「数字《すうじ》」を使《つか》って話《はな》してみよう。

ワーク1 つぎの文章《ぶんしょう》の中《なか》にあることばに数字《すうじ》を入《い》れて話《はな》してみよう。

例《れい》）**大《おお》きな**ハンバーグ　→（15cmぐらい）

・**みんな**であそんだ　→（　　　　　人《にん》で）

・今日《きょう》は**たくさん**勉強《べんきょう》した　→（　　　　　時間《じかん》ぐらい）

・**ずーっと**前《まえ》から知《し》ってる　→（　　　　　年前《ねんまえ》から）

・**しょっちゅう**行《い》っている　→（月《つき》に　　　回《かい》くらい／年《ねん》に　　　回《かい》くらい）

・**昔《むかし》から**ここに住《す》んでいる　→（　　　年前《ねんまえ》から／おじいちゃんの代《だい》から）

ワーク2 じぶんの体《からだ》をものさしにしちゃおう。

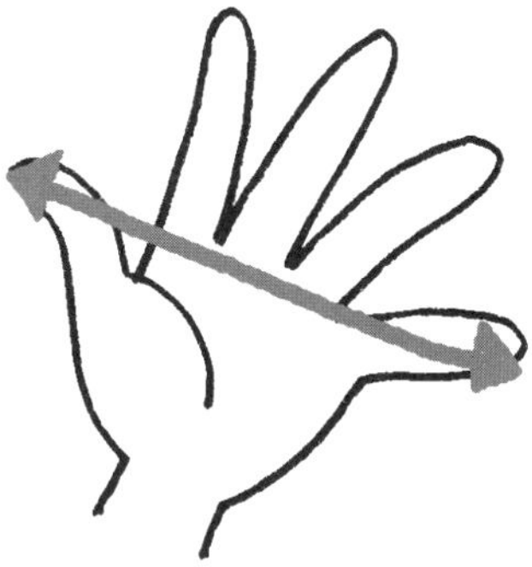

ひじから手首《てくび》まで
（　　　　）cm

手《て》のひらをいっぱいに開《ひら》いたときの長《なが》さ
（　　　　）cm

両手《りょうて》をいっぱいに広《ひろ》げたとき
（　　　　）cm

身長《しんちょう》
（　　　）cm

体重《たいじゅう》（　　　）kg《キログラム》　足《あし》の大《おお》きさ（　　　　）cm

！ 知《し》っておくとけっこう便利《べんり》だよ！

19 「思《おも》いちがいしてるかな？」と思《おも》ったとき

**お母《かあ》さんにS《エス》ちゃんのことを話《はな》していたんだけど、
なんかかんちがいしているみたい。
わたしの知《し》っているS《エス》ちゃんはふたりいるんだ。**

「おなじクラスのS《エス》ちゃん」と、「塾《じゅく》でいっしょのS《エス》ちゃん」がいるんだね。お母《かあ》さんと話《はな》すときには「○○のS《エス》ちゃん」って、言《い》うようにしようね。

じぶんにとっては当《あ》たり前《まえ》で「相手《あいて》はわかってくれているだろう」と思《おも》うことでも、相手《あいて》に伝《つた》わっていないことはよくあることだよ。だから「○○の」と、説明《せつめい》をしてから話《はな》すようにしよう。

話《はな》すときには「相手《あいて》はわかっているかな？」と、考《かんが》えながら話《はな》すことも大事《だいじ》だよ。

ワーク どう言《い》えば相手《あいて》に伝《つた》わるのかな？

1. お母《かあ》さんがお買《か》い物《もの》に行《い》くから「わたしの好《す》きなおかしを買《か》ってきて！」ってたのんだ。「オッケー」って言《い》うから、楽《たの》しみにしていたんだけど、買《か》ってきてくれたのはぜんぜん好《す》きなものじゃなかった。がっかり……。
・どう言《い》えばよかったのかな？

2. 放課後《ほうかご》、「いつものところで待《ま》ち合《あ》わせね！」とやくそくしたのに、友《とも》だちが来《こ》ない。もう、どうしちゃったんだろう？　と思《おも》ったら、別々《べつべつ》の場所《ばしょ》で待《ま》っていたんだ。
・どう言《い》えばよかったのかな？

3. 「ちゃんと持《も》ったの～？」っていうからわたしは「たいそう着《ぎ》」のことだと思《おも》って「持《も》ったよ～」って言《い》った。お母《かあ》さんは「かさ」のことを言《い》ったんだって。帰《かえ》りは雨《あめ》にぬれちゃった……。
・どう言《い》えばよかったのかな？

！ 答《こた》え方《かた》はひとつじゃないよ。

★答《こた》えの例《れい》とアドバイス★

1. 「（わたしがほしいのは）ジャガリンコとポテコロコロだよ」って、おかしの名前《なまえ》を言《い》う。お母《かあ》さんに、「何《なに》を買《か》ってきてくれるの？」とたしかめるのもいいね。
2. 「いつものところ」があいまいなんだね。「正門前《せいもんまえ》」とか「水飲《みずの》み場《ば》」みたいに、はっきりと待《ま》ち合《あ》わせ場所《ばしょ》を言《い》っておいたらよかったね。
3. 「何《なに》を？」って聞《き》き返《かえ》せばよかったね。お母《かあ》さんも「かさ持《も》ったの？」って聞《き》いてくれればよかった。

20 整理《せいり》して伝《つた》えたいとき

キャンプに行《い》って、すごく楽《たの》しかった。お母《かあ》さんに「どうだった？」って聞《き》かれたけど、いろんなことがいっぱいあったので、なにから話《はな》していいかわからなかった。

いっぱい話《はな》したいことがあったときに便利《べんり》なのが、数字《すうじ》をあげてひとつずつ話《はな》す方法《ほうほう》。"ナンバリング"っていうんだよ。
1番目《ばんめ》に、2番目《ばんめ》に、3番目《ばんめ》に……など数字《すうじ》をあげて順番《じゅんばん》に話《はな》すと、ことばが出《で》てきやすいよ。
「おもしろいことがいっぱいあったよ。一番《いちばん》おもしろかったのが、水《みず》で遊《あそ》んだこと。くつをぬいでズボンまでぬれちゃったけど…」。こう話《はな》すと、聞《き》いているほうもわかりやすいよね。"ナンバリング"は、作文《さくぶん》を書《か》くときにも使《つか》える方法《ほうほう》だよ。

ワーク

「ナンバリング」で説明《せつめい》してみよう！

◎朝《あさ》、目《め》がさめてから学校《がっこう》に行《い》くまでにすること

1.

2.

3.

4.

5.

◎林間学校《りんかんがっこう》に行《い》って、おもしろかったこと（遠足《えんそく》でも家族《かぞく》で出《で》かけたところの話《はなし》でもいいよ）

1.

2.

3.

4.

5.

◎お誕生日《たんじょうび》にほしいもの（クリスマスプレゼントでもいいよ）

1.

2.

3.

4.

5.

◎今学期《こんがっき》中《ちゅう》にしなければならないこと

1.

2.

3.

4.

5.

！ なにかをこれから言《い》おうとするときにも、「伝《つた》えたいことがふたつあるから、聞《き》いて。ひとつは……」と言《い》ってから話《はな》してみよう。

わかりやすく話す
トレーニング

21 ややこしいことを説明《せつめい》するとき

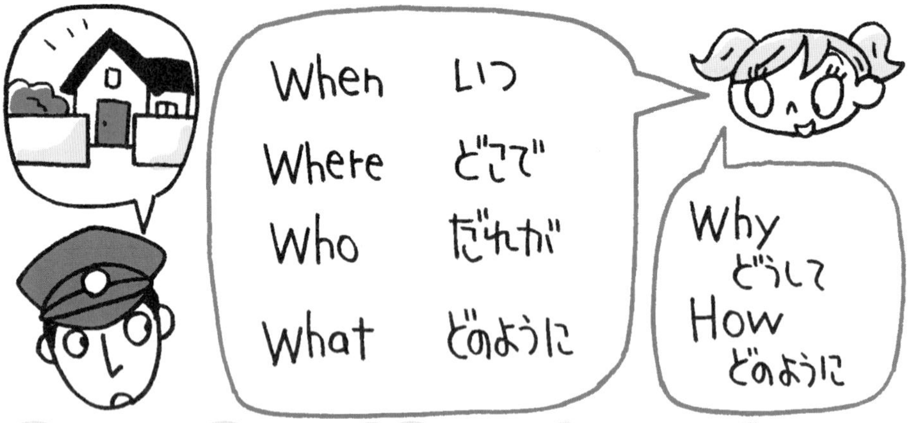

きのう、近所《きんじょ》の家《いえ》に空《あ》き巣《す》が入《はい》ったらしい。
おまわりさんがうちに「なにかかわったことはありませんでしたか？」って聞《き》きに来《き》ていた。
そういえば、あれっへんだなって思《おも》ったことがあった。

人《ひと》に事実《じじつ》を伝《つた》えるときは、

A《エー》グループ：「いつ」「だれが」「どこで」「なにをした」
B《ビー》グループ：「どのように」「どうして」

というポイントをおさえること。まず骨組《ほねぐ》みを伝《つた》えるA《エー》グループが話《はなし》の基本《きほん》だ。

「きのうの夕方《ゆうがた》、見《み》かけない人《ひと》がとなりの家《いえ》の玄関《げんかん》から出《で》てきた」
〈いつ〉〈だれが〉〈どこで〉〈なにをした〉

これにBグループのポイントをくわえよう。

「どんな洋服《ようふく》を着《き》ていたか・背《せ》の高《たか》さ・顔《かお》の特《とく》ちょう」などを説《せつ》
〈どのように〉
明《めい》しよう（トレーニング16も参考《さんこう》にしてね）。

どうしてへんだなと思《おも》ったのか、その理由《りゆう》も言《い》えるかな？

「思《おも》ったこと」をつけくわえると、じぶんらしい話《はなし》になるよ。
〈どうして〉

ワーク 1　つぎの絵《え》を見《み》て、伝《つた》えてみよう。

いつ？　→

だれが？　→

どこで？　→

何《なに》をした？→

どのように（どんなようす）？→

どうして（思《おも》ったことは）？→

ワーク 2　つぎのようなときは、どう報告《ほうこく》するかな？

◎学校《がっこう》で、先生《せんせい》に自習《じしゅう》のようすを報告《ほうこく》する

◎委員会《いいんかい》の活動《かつどう》について報告《ほうこく》する

22 相手《あいて》にわかりやすく伝《つた》えたいとき

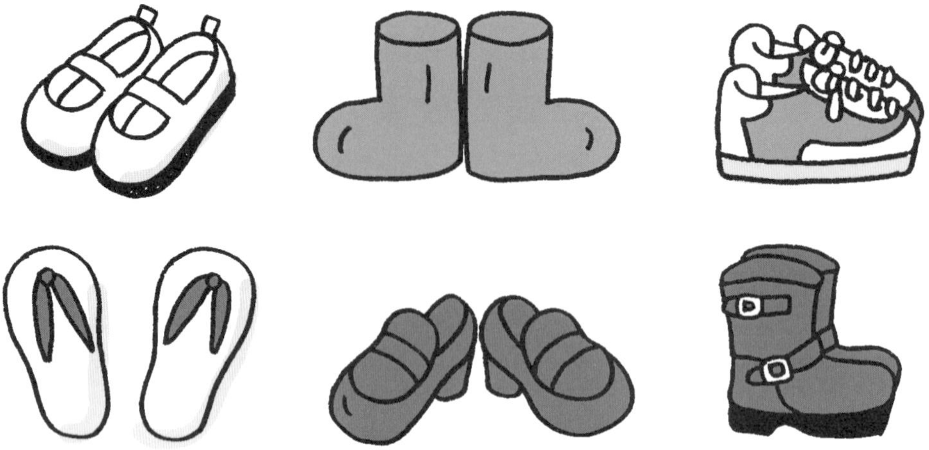

ぼくのスニーカーを買《か》いにいった。
お母《かあ》さんが、「じぶんのくつなんだから、
どんなのがいいかじぶんで言《い》ってごらん」って言《い》う。
お店《みせ》の人《ひと》になんて言《い》ったらいいのかな？

話《はな》す前《まえ》には、伝《つた》えたいことをこころの中《なか》で決《き》めておこう。じぶんがどんなスニーカーがほしいか、たとえば「白《しろ》い地《じ》に青《あお》い線《せん》が入《はい》っているもの。足《あし》の大《おお》きさは21センチ」とかね。そして、話《はな》すときには、話《はなし》の順序《じゅんじょ》ってとってもだいじなんだよ。

全体的《ぜんたいてき》なこと ⇒ こまかい説明《せつめい》

これからなにについて話《はな》すのか全体的《ぜんたいてき》なことをはじめに言《い》っておくと、「そうか、これから○○の話《はなし》がはじまるんだな」と、相手《あいて》は聞《き》く準備《じゅんび》ができる。このばあいは「スニーカーを見《み》せてください」が全体的《ぜんたいてき》なことだね。そのあと、こまかい説明《せつめい》をしていくんだ。ふだんでも、「○○をしたいんですけど」のように、はじめに全体的《ぜんたいてき》なことを考《かんが》えてから話《はな》すといいよ。

ワーク　つぎのようなとき、どのように話《はな》しますか？

◎デパートに洋服《ようふく》を買《か》いにきました。ポロシャツとジーンズがほいしいのだけど……。

全体的《ぜんたいてき》なこと→

こまかい説明《せつめい》→

◎大《おお》きな本屋《ほんや》に行《い》きました。絵本《えほん》がほしいのだけど……。

全体的《ぜんたいてき》なこと→

こまかい説明《せつめい》→

◎駅《えき》でサイフを落《お》としました。駅員《えきいん》さんにどうやって説明《せつめい》しよう。

全体的《ぜんたいてき》なこと→

こまかい説明《せつめい》→

23 道案内《みちあんない》するとき

**親《しん》せきの人《ひと》が、「駅《えき》までの道《みち》を教《おし》えて」って言《い》う。
どうやって説明《せつめい》したらいいの？**

道《みち》の説明《せつめい》って、したことある？　じぶんが通《かよ》っている道《みち》、よく知《し》っている道《みち》の説明《せつめい》って、いがいにむずかしいんだ。じぶんでは当《あ》たり前《まえ》だと思《おも》っていることって、ふだんはあんまり気《き》にしていないもんね。

一度《いちど》、はじめて通《とお》る人《ひと》になったつもりで、まわりを見《み》まわしながら歩《ある》いてみるといいよ。

◎道案内《みちあんない》のポイント

❶ はじめに、「ボクの家《いえ》から駅《えき》までを教《おし》えるね」と、どこからどこまでの案内《あんない》なのかを伝《つた》える。

❷ 全体《ぜんたい》の見通《みとお》しとして「歩《ある》いて○分《ふん》くらい」とか「何《なん》メートルくらい」などの情報《じょうほう》を伝《つた》える。

❸ 曲《ま》がり角《かど》の目印《めじるし》になるものや、信号《しんごう》を○つこえてなど数字《すうじ》を入《い》れるとわかりやすい。

ワーク 下《した》の地図《ちず》を見《み》ながら、わたしの家《いえ》から学校《がっこう》まで道案内《みちあんない》してみよう。

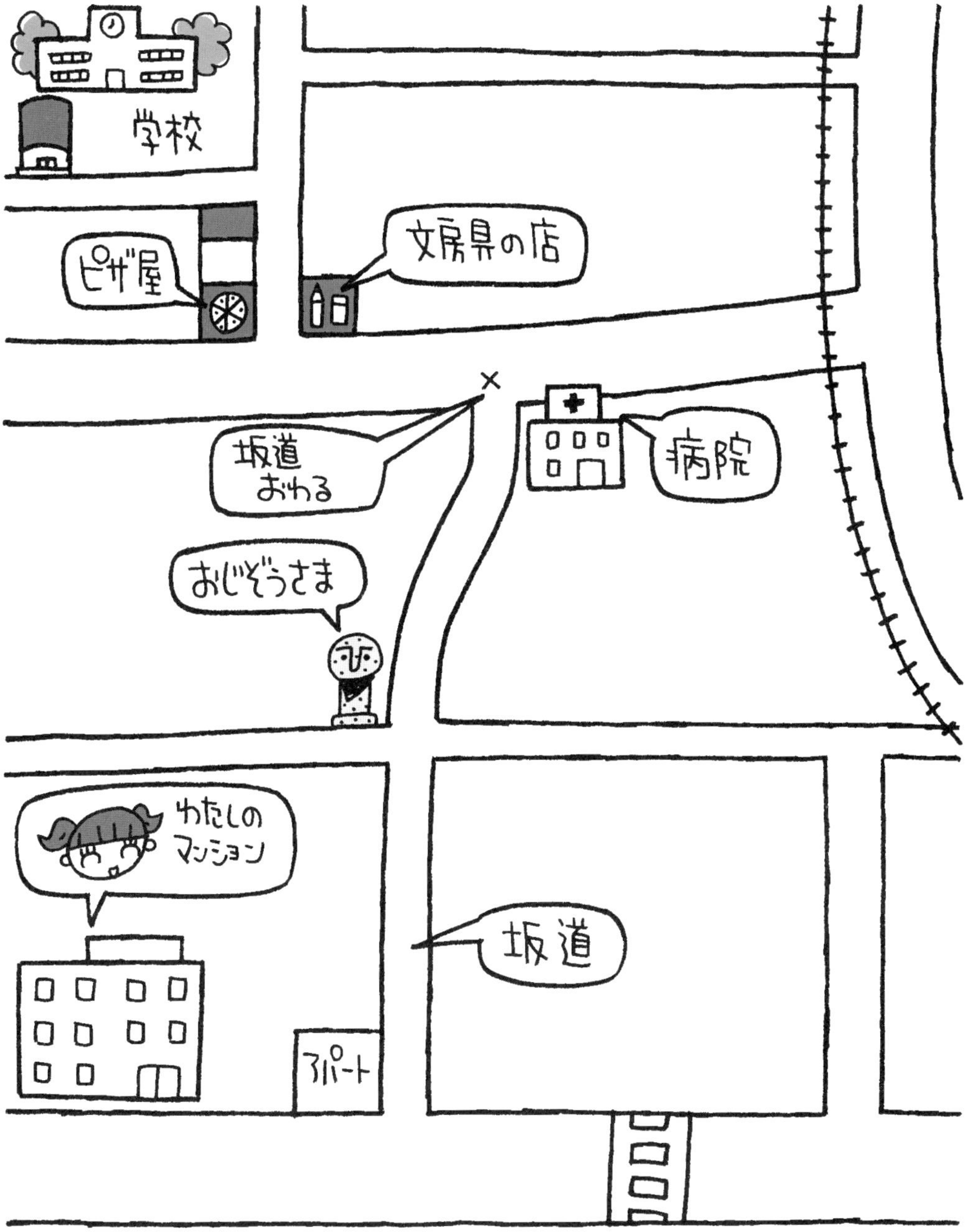

❗ わたしのマンションから学校《がっこう》までは歩《ある》いて7分《ふん》ぐらいだよ（走《はし》ると3分《ぷん》）。

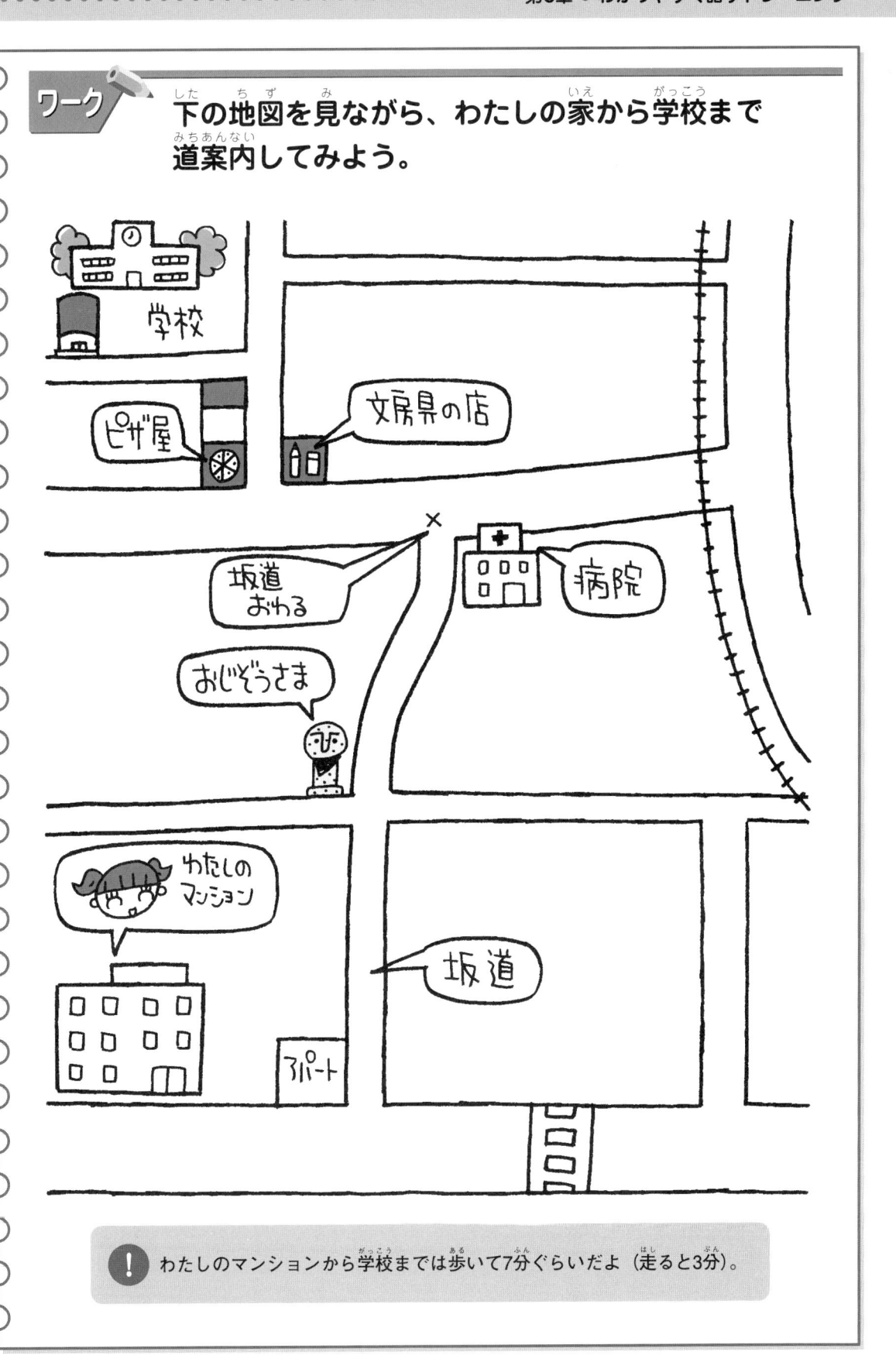

応《おう》用《よう》編《へん》

5W《ダブル》1H《エッチ》トレーニング！　からだやケガのぐあいを説明《せつめい》しよう

　学校《がっこう》で、とつぜんおなかがいたくなったり気分《きぶん》が悪《わる》くなるときってあるよね。てつぼうから落《お》ちたり、マット運動《うんどう》をしていて背中《せなか》を強《つよ》く打《う》ったり、休《やす》み時間《じかん》や授業中《じゅぎょうちゅう》にケガをすることだってある。そんなとき、保健室《ほけんしつ》に行《い》ってどんなふうに、説明《せつめい》したらいいかな？

「トレーニング21　こみいったことを説明《せつめい》するとき」（54ページ）を使《つか》って、どんなことを、どのように伝《つた》えたらいいか考《かんが》えてみよう。

■人《ひと》に事実《じじつ》を伝《つた》えるときのポイントを思《おも》い出《だ》そう

A《エー》グループ　：「いつ」「だれが」「どこで」「なにをした」

B《ビー》グループ　：「どのように」「どうして」

・いつから？　夕《ゆう》べから、2時間目《じかんめ》の授業《じゅぎょう》のときから、30分《ぷん》くらい前《まえ》から……

・どこが？　頭《あたま》、おなか、むね、せなか、足《あし》……

・どこで？　体育館《たいいくかん》で、ろうかで……

・どんなふうに？　ズキズキ、ぎゅーっと、チクチクと……

・どうした？　いたい、息《いき》ができない、はき気《け》がする……

■練習問題《れんしゅうもんだい》

サッカーの練習《れんしゅう》が終《お》わってから足《あし》がいたむ。さあ、どう説明《せつめい》する？

第《だい》4章《しょう》

考《かんが》えをまとめて話《はな》すトレーニング

24 「どうしたいのか」わからなくなったとき

学校《がっこう》にいるとき、家《いえ》のカギを失《な》くしてしまった。
先生《せんせい》に「カギを落《お》としました」って言《い》いにいったら、
「それで？」と言《い》われたんだけど、
なんて言《い》ったらいいんだろう……？

ただ「カギを落《お》としました」と言《い》われても、相手《あいて》はどうしていいかわからないよ。話《はなし》をするときに大切《たいせつ》なのは、そこから先《さき》、あなたが「どうしたいのか？」ってこと。たとえば、

・いっしょにカギをさがしてほしい……。
・家《いえ》に電話《でんわ》をしたいから、職員室《しょくいんしつ》の電話《でんわ》を貸《か》してほしい……。
・お兄《にい》ちゃんが中学校《ちゅうがっこう》から帰《かえ》ってきたら家《いえ》に入《はい》れるから、それまでの時間学校《じかんがっこう》にいさせてほしい……。
・どうしたらいいかわからないから、いっしょに考《かんが》えてほしい……。

話《はな》す前《まえ》に、じぶんは「どうしたいのか？」をまず考《かんが》えてみよう。それをハッキリさせてから、話《はな》すんだ。ふだんから「じぶんはどうしたいのか？」とじぶんに聞《き》くクセをつけておこうね。

ワーク　つぎの場面《ばめん》で「どうしたいのか」考《かんが》えてみよう。

◎きょうまでって言《い》われた遠足《えんそく》の写真《しゃしん》の申《もう》しこみ書《しょ》とお金《かね》をわすれてきちゃった。

・どうしたいの？

・そのためにはどうする？　だれになんて言《い》う？

◎大雨《おおあめ》がふっているのに置《お》きカサがない。

・どうしたいの？

・そのためにはどうする？　だれになんて言《い》う？

◎前《まえ》を歩《ある》いていた人《ひと》が、サイフみたいなものを落《お》とした。

・どうしたいの？

・そのためにはどうする？　だれになんて言《い》う？

◎ゲームソフトを買《か》ったけれど、こわれていたのでお店《みせ》に行《い》った。

・どうしたいの？

・そのためにはどうする？　だれになんて言《い》う？

25 「どうしたいのか」決《き》められないとき

Aは近いけど教室はきれいじゃない…
Bは遠いけど教室はきれい

**ソロバンを習《なら》おうと思《なら》うんだけど、
近所《きんじょ》に教室《きょうしつ》がふたつある。
どっちの教室《きょうしつ》に行《い》ったらいいか、わかんない。**

どっちを選《えら》んだほうがいいか、まようときって、ある。おとなだって、こんなことの連続《れんぞく》なんだ。そのとき、考《かんが》えを整理《せいり》する方法《ほうほう》のひとつとして、表《ひょう》をつくる方法《ほうほう》がある。

◎見学《けんがく》に行《い》って考《かんが》えたこと

A教室《エーきょうしつ》	B教室《ビーきょうしつ》
家《いえ》から近《ちか》い	教室《きょうしつ》が広《ひろ》くてキレイ
友《とも》だちも2人《ふたり》行《い》ってる	自転車《じてんしゃ》で行《い》く（10分《ぷん》）
曜日《ようび》があわない（スイミングと重《かさ》なる）	先生《せんせい》はいい感《かん》じ
先生《せんせい》はいい感《かん》じ	コンビニがそばにある

書《か》き出《だ》してみたら、家《いえ》が近《ちか》いと友《とも》だちも2人《ふたり》行《い》ってるが、じぶんにとって大事《だいじ》なことだとわかった。スイミングの曜日《ようび》を変《か》えてA教室《エーきょうしつ》に決《き》めた！　決《き》め手《て》がないときには、いいと思《おも》った理由《りゆう》が多《おお》い方《ほう》を選択《せんたく》しよう。

ワーク　じぶんはどうしたいのか、表《ひょう》に書《か》きこんでみよう。

◎クリスマスプレゼントや誕生日《たんじょうび》プレゼントにほしいもの

◎つぎのおこづかいで買《か》いたいもの

◎夏休《なつやす》みの旅行《りょこう》で行《い》きたいところ

！ 考《かんが》えたこと、思《おも》いついたことを書《か》いていくことが大事《だいじ》。
比《くら》べてみると、じぶんの気持《きも》ちがはっきりしてくるよ！

26 誤解《ごかい》されちゃったとき

放課後《ほうかご》のそうじ当番《とうばん》に行《い》ったら、もうだれもいなかった。終《お》わったのかと思《おも》って帰《かえ》ったら、つぎの日《ひ》先生《せんせい》から「そうじをサボって帰《かえ》ったな」ってしかられた。ぼくの言《い》うことも聞《き》いてほしい。

まず、こういう場合《ばあい》はぜったいに、「だって……」は、言《い》わないこと！　いいわけに聞《き》こえるからだよ。まずは相手《あいて》の話《はなし》をよ～く聞《き》こう。そして、相手《あいて》に誤解《ごかい》されているって思《おも》ったときは、相手《あいて》が言《い》い終《お》わったあとで、"クッションことば"を使《つか》って落《お》ち着《つ》いて言《い》うんだ。

「ちょっと待《ま》ってください。わたしの話《はなし》も聞《き》いてください」って静《しず》かに、ゆっくりと言《い》おう。言《い》いたいことを整理《せいり》して話《はな》すと相手《あいて》によく伝《つた》わるよ。

時間《じかん》の流《なが》れにしたがって、「あったこと」(事実《じじつ》)と「思《おも》ったこと」(感想《かんそう》)をわけて言《い》おう。いざというときのために日頃《ひごろ》から練習《れんしゅう》しておこう。

◎時間的《じかんてき》な流《なが》れで事実《じじつ》をまとめよう

時《じ》　間《かん》	あったこと（事実《じじつ》）	思《おも》ったこと（感想《かんそう》）
（きのう） 帰《かえ》りの会《かい》が終《お》わる	1組《くみ》の子《こ》（下《した》の階《かい》）に、本《ほん》を返《かえ》しに行《い》っていた。	借《か》りっぱなしだったので、申《もう》し訳《わけ》なかった。
	もどってきたら、教室《きょうしつ》にはもうだれもいなかった。	どうしたんだろう？
	理科室《りかしつ》や音楽室《おんがくしつ》もさがしたけど、そこにもだれもいなかった。	どうしたんだろう？ もしかしたら、今日《きょう》はそうじはなかったのかも……。
	家《いえ》に帰《かえ》った。	
（きょう） 朝学校《あさがっこう》に来《き》てから	E《イー》くんに「きのう、そうじサボっただろう」と言《い》われた。	やはりそうじがあったんだ。
	S《エス》くんが「体育館《たいいくかん》に片《かた》づけに行《い》っていたんだ」と教《おし》えてくれた。	もう少《すこ》し、待《ま》っていればよかった。

ワーク

キミのまわりに起《お》ったことを、事実《じじつ》と感想《かんそう》にわけて、整理《せいり》してみよう。

時《じ》　間《かん》	あったこと（事実《じじつ》）	思《おも》ったこと（感想《かんそう》）

27 じぶんの言《い》っていることをみとめてもらいたいとき

S《エス》ちゃんのシャープペンが、教室《きょうしつ》でなくなった。
わたしの持《も》っているシャープペンが
S《エス》ちゃんのなくなったのと同《おな》じなんだって。
でも、これはぜったいにわたしのだ！

こういうときって、まず頭《あたま》の中《なか》がまっ白《しろ》になってしまわない？
でも、おちついて考《かんが》えてみようよ。
「これは、ぜったいにわたしのものだ」って、相手《あいて》に伝《つた》えて納得《なっとく》してもらうには、それなりの"理由《りゆう》"がいる。
「じぶんの持《も》ち物《もの》だ！」となん度《どい》言っても、そのしょうことなる"事実《じじつ》"がないと、説得《せっとく》できない。主張《しゅちょう》する「理由《りゆう》」はある？
そのしょうことなる「事実《じじつ》」はある？

◎「わたしのものだ」という理由《りゆう》と事実《じじつ》

理由《りゆう》（なぜなら～）	事実《じじつ》（そのしょうこ）
わたしは、同《おな》じ色《いろ》・形《かたち》のシャープペンを、いつもふで箱《ばこ》に入《い》れていた	これは、今年《ことし》の夏《なつ》ディズニーランドに行《い》ったときに、パパに買《か》ってもらった
持《も》つところに、キズがついているから	これは、弟《おとうと》とケンカしたときにつけてしまったキズ

! 言《い》い方《かた》の例《れい》＝「○○○○だから、△△△△」
「それは、□□□□という事実《じじつ》があるから△△△△」

ワーク　理由《りゆう》と事実《じじつ》を整理《せいり》して説明《せつめい》してみよう。

◎白《しろ》いペンでらくがきされたつくえがあったので、先生《せんせい》がだれがやったのかとたずねた。
ぼくは、修正《しゅうせい》ペンを持《も》っている。
「じぶんじゃない」と説明《せつめい》してみよう。

理由《りゆう》（なぜなら～）	事実《じじつ》（そのしょうこ）

★答《こた》えの例《れい》★

理由《りゆう》…………………昨日《きのう》はすぐに帰《かえ》ったので、放課後教室《ほうかごきょうしつ》に入《はい》らなかった。
しょうことなる事実《じじつ》……塾《じゅく》に行《い》った。

28 ケンカを解決《かいけつ》したいとき

Ｂ《ビー》くんが、まちがってＡ《エー》くんの足《あし》をふんでしまった。ふまれたところは、きのうケガした場所《ばしょ》だったから、Ａ《エー》くんは「なにすんだよ〜！　いたいじゃないか！」とさわいだ。そのことを知《し》らないＢ《ビー》くんは「ちょっと足《あし》ふんだくらいで、うるさい！」と、カッとなり、ぶあつい本《ほん》でＡ《エー》くんの頭《あたま》をなぐった。

こういう「ケンカ」って、あるよね。人《ひと》はそれぞれがちがうから、考《かんが》え方《かた》や気持《きも》ちがそれぞれちがう。相手《あいて》と意見《いけん》がちがっていても、じぶんの言《い》い分《ぶん》ばかりを主張《しゅちょう》するのではなく、交渉《こうしょう》する、話《はな》し合《あ》うという気持《きも》ちがだいじなんだ。

でも、ケンカして頭《あたま》に血《ち》がのぼってカッカしているときは、なかなか落《お》ち着《つ》いて相手《あいて》の話《はなし》も聞《き》けないし、じぶんの言《い》い分《ぶん》もきちんと伝《つた》えられないことが多《おお》いよね。そこで仲直《なかなお》りのルールと誓約書《せいやくしょ》を紹介《しょうかい》しよう。クラスやグループでやってみよう。

仲直《なかなお》りのルール

- □ さけんだりわめいたりしないで、落《お》ちついて話《はな》します。
- □ 人《ひと》が話《はな》しているときには、口をはさまないで、さいごまで聞《き》きます。
- □ 「じぶんは○○○○○を伝《つた》えたい」という言《い》い方《かた》を使《つか》って、順番《じゅんばん》に話《はな》します。
- □ すべての事実《じじつ》を出《だ》し合《あ》います。
- □ つぎのことも考《かんが》えに入《い》れて、もう一度《いちど》話《はな》し合《あ》います。

  1. 人《ひと》の体《からだ》をきずつけていない？
  2. 人《ひと》の心《こころ》をきずつけていない？
  3. うそをついていない？
  4. ひきょうなことはしていない？

- □ おたがいに少《すこ》しずつ歩《あゆ》みよります。
- □ 全員《ぜんいん》が賛成《さんせい》するような解決方法《かいけつほうほう》を選《えら》びます。

仲直《なかなお》りの誓約書《せいやくしょ》

わたしたちは、仲直《なかなお》りのルールにもとづいて話《はな》し合《あ》いをしました。

わたしたちは、仲直《なかなお》りしたことをここに表明《ひょうめい》します。

日付《ひづ》け　　　　サイン

日付《ひづ》け　　　　サイン

日付《ひづ》け　　　　サイン

日付《ひづ》け　　　　サイン

！ ケンカをしたときではなく、なにも問題《もんだい》がおこっていないときみんなで確認《かくにん》します。

29 ヤバイ！ って思《おも》ったとき

**学校《がっこう》から帰《かえ》ってきたら、
お母《かあ》さんがいなくて家《いえ》に入《はい》れない。
トイレに行《い》きたくなっちゃった……ピンチ！**

さぁ～、どうしよう？　きっとだれでも、必死《ひっし》で考《かんが》えるよね。頭《あたま》の中《なか》がグルグル……。そうだ！　おとなりのうちにかりにいこう！　いい考《かんが》えだ。だけど、もしピンポンしてもだれも出《で》てこなかったら……。だから、いろんな方法《ほうほう》を考《かんが》えておかなきゃならないね。たとえば、

・駅《えき》まで走《はし》って、駅《えき》のトイレにかけこむ。
・コンビニでトイレを貸《か》してもらう。
・ガマンする。

ピンチのときに、どれだけたくさんの考《かんが》えが出《だ》せるか。いろいろな方法《ほうほう》を考《かんが》えてみる練習《れんしゅう》をしておこう。ふだんからやっておくと、いざというときにきっと役《やく》に立《た》つよ。

ワーク　こんなとき、どうしたらいい？ できるだけたくさんの解決方法《かいけつほうほう》を考《かんが》えてみよう。

◎電車《でんしゃ》の中《なか》できっぷをなくしたみたい。さあどうする？

1.

2.

3.

4.

5.

◎きのうが図書館《としょかん》でかりた本《ほん》を返《かえ》す日《ひ》だったのにまたわすれちゃった。

1.

2.

3.

4.

5.

◎公園《こうえん》に止《と》めておいた自転車《じてんしゃ》がない！

1.

2.

3.

4.

5.

30 「おこられる」って思《おも》ったとき

宿題《しゅくだい》、わすれちゃった！　今週《こんしゅう》２回目《かいめ》だ……。
先生《せんせい》におこられるだろうな……。
ああ、なんて言《い》ったらいいだろう？

　さあ、なんて言《い》おう？　残念《ざんねん》だけど、これに対《たい》するアドバイスは、ない。いさぎよく、あやまろう！

　ただし、そのあとの行動《こうどう》を教《おし》えるね。

「信頼《しんらい》を取《と》りもどすためにはどうすればよいか」を考《かんが》えてみよう。失敗《しっぱい》をどうカバーするか、そのあとの言《い》い方《かた》と行動《こうどう》しだいでちょっとちがってくる。

「休《やす》み時間《じかん》にやります」「明日《あした》はかならず持《も》ってきます」「つぎは忘《わす》れません」など。一歩先《いっぽさき》を考《かんが》えて「熱意《ねつい》」を見《み》せることだ。

　でも、その場《ば》しのぎに、できもしないことを言《い》うのはダメだよ。言《い》うからには、今度《こんど》からはぜったいに守《まも》ること。

ワーク　つぎのようなとき、どんなことを言《い》ったらいいか考《かんが》えてみよう。

◎お母《かあ》さんに「せんたく物《もの》、とりいれといてね」と言《い》われていたのに、テレビを見《み》ている間《あいだ》に雨《あめ》がふっていて、せんたく物《もの》が全部《ぜんぶ》ぬれちゃってた。もうすぐ買《か》い物《もの》から帰《かえ》ってくるお母《かあ》さんに、なんてあやまろう……。

◎友《とも》だちと3時《じ》に公園《こうえん》で待《ま》ち合《あ》わせしていたのに、すっかりわすれてお母《かあ》さんとお買《か》い物《もの》に行《い》っちゃった。友《とも》だち、おこってるだろうな……、どうしよう。

◎みんなで○○くんをからかって遊《あそ》んでいたら、○○くんが先生《せんせい》に相談《そうだん》して、先生《せんせい》によび出《だ》されちゃった。ふざけていたつもりだけだったんだけど……。

31 だれかと交渉《こうしょう》したいとき

給食当番《きゅうしょくとうばん》のとき、いつもおなじ子《こ》がおかずの係《かかり》になる。
わたしだってたまにはおかずの係《かかり》になりたい。
早《はや》いもの勝《か》ちなんてずるい。
順番《じゅんばん》にしてほしいなぁ。

いいなあ、ずるいなあ、かわってほしいなあ……って思《おも》ってるんだよね。でも、そう思《おも》っているだけだと、不満《ふまん》がたまるばかり。なんの解決《かいけつ》にもならないよ。"交渉《こうしょう》"のやり方《かた》を知《し》って、けんかにならずにじぶんの希望《きぼう》をかなえてみようよ！

"交渉《こうしょう》"とはじぶんの希望《きぼう》を通《とお》すためだけの方法《ほうほう》ではなく、相《あい》手《て》とのやりとりで両方《りょうほう》に満足《まんぞく》のいく結果《けっか》を出《だ》すための方法《ほうほう》だ。交《こう》渉《しょう》のルールをマスターしたら、あとは勇気《ゆうき》を出《だ》して行動《こうどう》あるのみ！

◎交渉《こうしょう》のルール

①じぶんの希望《きぼう》は何《なに》か
ぼくは／わたしは　おかずの係《かかり》をしたい

②その希望《きぼう》をかなえたい理由《りゆう》　いつも牛乳《ぎゅうにゅう》ばかりで１回《かい》もおかずの係《かかり》になったことがないから

③相手《あいて》が納得《なっとく》する条件《じょうけん》（２つ以上《いじょう》考《かんが》えてみる）

・あしたはまた交代《こうたい》するから（順番制《じゅんばんせい》にしよう）
・じゃんけんで決《き》めようよ（みんなにチャンスがあるようにしよう）

④交渉《こうしょう》する相手《あいて》のことをよく見《み》て、タイミングをつかむ

仲《なか》よしのK《ケイ》ちゃんと台車《だいしゃ》を取《と》りに行《い》くときに歩《ある》きながら言《い》う（教室《きょうしつ》に戻《もど》ってから「かわって！」って言《い》ったって、「おそい！今《いま》からはむり！ダメ！」と言《い》われてしまうだろうから）

！　相手《あいて》がいることなんだから、その相手《あいて》の性格《せいかく》を考《かんが》えて作戦《さくせん》を立《た》ててみよう。
あとは、話《はな》すタイミングと「どうしても○○○したい！」という熱意《ねつい》だよ！

ワーク　**つぎのようなとき、どのように交渉《こうしょう》したらいいか考《かんが》えてみよう。**

◎うちでは「テレビは１日《にち》１時間《じかん》」っていうルールがある。でも、きょうはいつも見《み》ているアニメの2時間《じかん》スペシャルがあるんだ。どうしても見《み》たいよ～。

① じぶんの希望《きぼう》は何《なに》か
ぼくは／わたしは ________________

② その希望《きぼう》をかなえたい理由《りゆう》
____

③ 相手《あいて》も納得《なっとく》する条件《じょうけん》（2つ以上《いじょう》考《かんが》えてみる）
____
____

④ 交渉《こうしょう》する相手《あいて》のことをよく見《み》て、タイミングをつかむ
____

◎3年生《ねんせい》になったから、そろそろおこづかいを上《あ》げてほしい。

① じぶんの希望《きぼう》は何《なに》か
ぼくは／わたしは ________________

② その希望《きぼう》をかなえたい理由《りゆう》
____

③ 相手《あいて》も納得《なっとく》する条件《じょうけん》（2つ以上《いじょう》考《かんが》えてみる）
____
____

④ 交渉《こうしょう》する相手《あいて》のことをよく見《み》て、タイミングをつかむ
____

ゲーム編《へん》

YES《イエス》・NO《ノー》ゲーム！　みんなでたのしく意見《いけん》を言《い》おう

じぶんの意見《いけん》を言《い》うことになれるゲームです。
はじめはむずかしいかもしれないけれど、なれてくればおもしろいよ！

ゲーム人数《にんずう》・用意《ようい》するもの

人数《にんずう》は３人《にん》以上《いじょう》
テニスボールなど

やり方《かた》

1. みんなで輪《わ》になります。
2. 最初《さいしょ》の人《ひと》が「テーマ」を決《き》めて、左《ひだり》どなりの人《ひと》にボールをわたします。
3. ボールをわたされたら、「テーマ」について「イエス」か「ノー」を答《こた》えて、その理由《りゆう》を言《い》います。次《つぎ》の人《ひと》にボールをわたします。
4. 一回《ひとまわ》りして、最初《さいしょ》の人《ひと》がじぶんの意見《いけん》を言《い》ったところで、この回《かい》は終《お》わりです。

ルール

意見《いけん》を言《い》うとき、ほかの人《ひと》と同《おな》じ理由《りゆう》はいけません。
だから、ほかの人《ひと》の意見《いけん》もじっくり聞《き》かなければならないね。

テーマの例《れい》

・日本《にほん》はいい国《くに》？
・アメリカはいい国《くに》？
・中国《ちゅうごく》はいい国《くに》？
・子《こ》どもは勉強《べんきょう》しないといけない？
・ケータイ電話《でんわ》は必要《ひつよう》？
・いちばん大切《たいせつ》なのは、お金《かね》？
・タバコは法律《ほうりつ》で禁止《きんし》したほうがいい？
・レジぶくろはお金《かね》をはらった方《ほう》がいい？
・「夢《ゆめ》」を持《も》った方《ほう》が幸《しあわ》せ？

！ 正《ただ》しい意見《いけん》、まちがっている意見《いけん》と決《き》めないこと。どんな意見《いけん》もオッケー！とみとめ合《あ》おう。

第《だい》5章《しょう》

受《う》けこたえがうまくなるトレーニング

32 「どうだった？」と聞《き》かれてこまったとき

**学校《がっこう》から帰《かえ》ってくると、お母《かあ》さんが
「今日《きょう》、どうだった？」って聞《き》いてくる。
どうだったって言《い》われても、
なにをどうこたえていいか、わかんないよ。**

「どうだった？」って質問《しつもん》は、なにがどうだったのかわからないから、「べつにっ！」って言《い》ってしまいたくなる気持《きも》ちはわかる。でも、お母《かあ》さんは学校《がっこう》のようすを知《し》らないからはっきり聞《き》けないだけ。きみが学校《がっこう》でどうしているかが知《し》りたいんだ。

だから、なにも知《し》らないお母《かあ》さんに、一部分《いちぶぶん》だけでも教《おし》えてあげよう。おかしかったことでも、うれしかったことでも、ムカツクことでもなんでもいい。

思《おも》い出《だ》したことをなんでもいいから話《はな》せば、学校《がっこう》での生活《せいかつ》がじゅうぶん伝《つた》わると思《おも》うよ。

ワーク

きょうあったこと、感《かん》じたことを思《おも》い出《だ》してみよう。

■ほんのちょっとのことでもいいんだよ。あなたにはたいしたことじゃなくても、うちの人《ひと》にとってはすべてが知《し》らないことだからね。

◎学校《がっこう》の行《い》き帰《かえ》り

いつもとちがうことなかった？　なにかめずらしいものを見《み》たり、聞《き》いたりしなかった？
だれかに会《あ》ったりしなかった？

◎授業中《じゅぎょうちゅう》

「へえ～っ、そうなんだぁ」って思《おも》うようなことなかった？
先生《せんせい》の説明《せつめい》でわからないところはなかった？

◎給食《きゅうしょく》のとき

なにがおいしかった？　残《のこ》さずに食《た》べられた？　おかわりはした？
どんなこんだてだった？

◎先生《せんせい》のことで

怒《おこ》られたり、注意《ちゅうい》されたりした？　ほめられたり、感心《かんしん》されたりした？

◎友《とも》だちのこと

休《やす》み時間《じかん》はなにして遊《あそ》んだ？　ケンカしたりしてない？
みんな元気《げんき》？　学校休《がっこうやす》んだりしていない？

◎じぶんのこと

わすれ物《もの》や落《お》とし物《もの》などしなかった？　などなど

33 「聞《き》いてる？」と言《い》われちゃったとき

M《エム》ちゃんに、話《はな》しかけられた。なんて答《こた》えようか考《かんが》えていたら、「ねえ、聞《き》いてる？」って言《い》われた。どうしたらよかったのかなあ。

もし、じぶんが話《はな》しかけた相手《あいて》が「……」(だんまり) だったら、どう？　ムシしてるのかな？　聞《き》こえてないのかな？って、心配《しんぱい》になるよね。じぶんでは頭《あたま》の中《なか》でフル回転《かいてん》していて、あせって答《こた》えをさがそうとしていても、相手《あいて》にはわからないかもしれない。

だから、聞《き》いているよ！という気持《きも》ちを示《しめ》さなきゃならない。あいづちで「話《はなし》を聞《き》いているよ」と相手《あいて》に伝《つた》えよう。

すぐそばにいるときは、顔《かお》を見《み》て「うんうん」ってうなずくだけでも伝《つた》わる。できたら「そう？」「ふうん」「それで？」なんて、短《みじか》いことばを返《かえ》してあげたら、相手《あいて》も話《はな》しやすいよ。

漫才《まんざい》の会話《かいわ》がおもしろいのは、テンポよくことばが行《い》ったり来《き》たりするからだと思《おも》わない？

ワーク　漫才《まんざい》の「ボケとツッコミ」を練習《れんしゅう》してみよう。

◎ふたり一組《ひとくみ》になって「ボケ役《やく》」と「ツッコミ役《やく》」を決《き》める。
つぎのやりとりを、芸人《げいにん》になったつもりで、やってみよう。

ツッコミ役《やく》：きのう英語《えいご》ならってきたんや
ボケ役《やく》：へ～、じゃあ日本《にほん》のにわとりはコケコッコってなくけど、アメリカに行《い》くと？
ツッコミ役：クックドゥードゥルドゥーやろ！
ボケ役：時差《じさ》ぼけで寝《ね》てるから鳴《な》かない！
ツッコミ役：んなアホな！

ツッコミ役《やく》：「ちょっとバス停《てい》に行《い》って、時刻表《じこくひょう》見《み》てきて」（しばらくして）
ボケ役《やく》：「見《み》てきたよ」
ツッコミ役：「それで、どうだった？」
ボケ役：「きのうと変《か》わってなかったよ」
ツッコミ役：「オイオイッ！」

◎あいづちをうとう！
・受《う》け入《い》れ系《けい》
⇒ うんうん。ふ～ん。そう！　なるほど。そっか。そだね。わかる！
ですよね～。いいんじゃない？　そうですね。
・ツッコミ系《けい》
⇒ なんでやねん！　いいかげんにしいや。　んなアホな！（関西《かんさい》）
⇒ おいっ。オイオイッ。コラッ！　おっしゃると～り！（関東《かんとう》）
・ギャル系《けい》
⇒ マジー？　うっそー！　やっだー！
・おだて系《けい》
⇒ さすが！　やるじゃん！　わぉ～。

！ ツッコミは思《おも》いやりです！
楽《たの》しくコミュニケーションするために、ツッコミの合《あ》いの手《て》を学《まな》んじゃおう！

34 話《はな》しやすい人《ひと》と思《おも》われたいとき

話《はな》すのがとくいじゃないので、いつも人《ひと》の話《はなし》を聞《き》く役《やく》ばっかり。会話《かいわ》ってむずかしい……。

会話《かいわ》がうまい人《ひと》って、かならずしも話《はな》すことがうまいってわけじゃないんだよ。"聞《き》きじょうず"ということばがあるように、相手《あいて》の話《はなし》をじょうずに引《ひ》き出《だ》してあげると、会話《かいわ》もはずむ。

相手《あいて》の話《はなし》に興味《きょうみ》をもって、「ふ〜ん」と聞《き》ける人《ひと》こそ、会話《かいわ》じょうずなんだよ。

「うんうん」「そうそう」ってあいづちを打《う》ったり、
「○○○なんだ！」って、相手《あいて》のことばをそのまま返《かえ》したり、
「それで、それで？」って先《さき》をうながしたり、
「それはいいね」ってほめたりする。

話《はなし》の引《ひ》きだしじょうずな人《ひと》になろう。

ワーク　ラップゲームをやってみよう！

ラップのリズムで手《て》びょうしをし、リズムに合《あ》わせて質問《しつもん》しよう。
テンポのいいことばのやりとりを、ラップゲームで味《あじ》わってみてね。

＜やり方《かた》＞

1. 2人以上《いじょう》でおこないます。
2. みんなで輪《わ》を作《つく》ってすわります。
3. じゃんけんではじめの人《ひと》を決《き》めます。
4. 手《て》びょうしにのせて「わたしは○○で生《う》まれた△△です」と言《い》ったあと、左《ひだり》どなりの人《ひと》に質問《しつもん》を回《まわ》します。
5. 前《まえ》からきた質問《しつもん》に答《こた》えてから、じぶんの紹介《しょうかい》をし、さらに左《ひだり》どなりの人《ひと》に質問《しつもん》をしていきます。

わたしの うまれは 新宿です♪ あなたの うまれは どこですか♪
ぼくの うまれは 横浜です♪ 好きな 食べものは 肉まんです♪ あなたは 何が好きですか♪
わたしは ハンバーグが 大好きです♪ きらいな 授業は 算数です♪ あなたは 何が きらいですか♪

＜質問《しつもん》の例《れい》＞　かんたんに答《こた》えられる質問《しつもん》がいいね。

- 好《す》きなテレビは何《なに》ですか？
- 好《す》きな歌手《かしゅ》はだれですか？
- 好《す》きなマンガは何《なん》ですか？
- 好《す》きなスポーツは何《なん》ですか？
- お笑《わら》いが好《す》きですか？
- きょうだいは何人《なんにん》いますか？
- ほしいものはなんですか？

！ 答《こた》えたくない質問《しつもん》のときには「それは言《い》えません♪」とか「それはヒミツです♪」もアリだよ！

受け答えがうまくなる
トレーニング

35 友《とも》だちをなぐさめたいとき

Y子《ワイこ》ちゃんちのインコが死《し》んじゃったんだって。
あんなにかわいがっていたのにかわいそう。
なぐさめてあげたいけど、なんて声《こえ》をかけよう……。

キミは、かわいがっていたペットが死《し》んじゃったときって、ある？　そんなとき、どんな気持《きも》ちだった？

経験《けいけん》したことがなくても、もしそんなことがあったらどんな気持《きも》ちになるか、想像《そうぞう》してみよう。

そんなとき、じぶんだったらどんなことばをかけてもらったらうれしい？　どんなふうにしてもらえたら、うれしい？

「つらかったね」

「かなしかったね」

「話《はな》したくなったときに、話《はな》してね」

そっとしておいてほしい人《ひと》もいる。ことばに出《だ》しても、出《だ》さなくてもいい。友《とも》だちが悲《かな》しんでいるときは、いっしょの気持《きも》ちになってあげよう。

ワーク 1　つぎのイラストを見《み》て、ふきだしにことばを入《い》れてみよう。

◎お母《かあ》さんが病気《びょうき》で入院《にゅういん》した友《とも》だちに。

◎運動会《うんどうかい》のリレーでバトンを落《お》として負《ま》けてしまい、
落《お》ちこんでいる友《とも》だちに。

◎じぶんのことばで伝《つた》えてみよう！

大変《たいへん》だったね。
だいじょうぶ？
さみしいね。
わたしがついてるよ。
話《はな》せるようになったら、言《い》ってね。いつでも聞《き》くよ。
どんまい！　気《き》にすることないよ。

！ 何《なに》も言《い》わないで、せなかをさすってあげる。手《て》をにぎってあげる。うなずいてあげる。話《はな》さなくても気《き》持《も》ちが伝《つた》わる表現方法《ひょうげんほうほう》があるよ。

ワーク 2　こんなときには、なんて言《い》う？

◎遠足《えんそく》やキャンプの日《ひ》に熱《ねつ》を出《だ》して休《やす》んでしまった友《とも》だちに。

◎ぜんそくで入院《にゅういん》している友《とも》だちのお見《み》まいに行《い》ったときに。

◎お父《とう》さんの仕事《しごと》で引《ひ》っこして行《い》っちゃう友《とも》だちに。

36 説明《せつめい》がわからないとき

サッカーの試合前《しあいまえ》、コーチが今日《きょう》の作戦《さくせん》の説明《せつめい》をした。ぼくにはその作戦《さくせん》が、なんのことかわからない。どうしよう？

わからないうちに試合《しあい》がはじまっちゃったらどうする？　作戦《さくせん》通《どお》りに動《うご》けなかったらどうなる？

わからないことを聞《き》くのは、はずかしいことではないよ。「これは大切《たいせつ》！」と思《おも》ったら、思《おも》い切《き》って聞《き》こう。

「聞《き》こえませんでした。もう一度《いちど》言《い》ってください」

「○○作戦《さくせん》ってよくわからないので、教《おし》えてください」

「それってなんですか？」

勇気《ゆうき》を出《だ》して言《い》ってみよう。わかったつもりで、どんどん知《し》らないことが山《やま》づみになるよりずっといい。少《すこ》しはずかしくても、聞《き》いたほうが失敗《しっぱい》しない。もちろん、一度《いちど》聞《き》いたことは、できるかぎりわすれちゃだめだよ。

ワーク　こんなとき、どんな質問《しつもん》をしたらいいかな？

1.「あしたの朝《あさ》、○○時《じ》までにグラウンドにくるように！」（聞《き》き取《と》れなかった…）

2.「？×＊%を、～&＄＊してくださいね」（知《し》らない言葉《ことば》だった…）

3.「だから＊＊＊で、そこから＊＊＊」（まわりがうるさくて聞《き》こえない～）

4.「スーパーで、ジャガイモとニンジンと、洗《せん》ざいとお酢《す》を買《か》ってきてくれる？」
（おぼえられないよう～）

5.*「日曜日《にちようび》に、××駅《えき》のそばにある○○ってビルの中《なか》にあるお店《みせ》に遊《あそ》びに行《い》ったときね～」*
（早口《はやくち》すぎる…）

6.「そこんとこ、アレしてほしいんだけど…」（そこのアレ？）

7.「てきとうに、びゃ～、ってやっちゃってよ」（意味《いみ》わかんない…）

！ 質問《しつもん》するときには、態度《たいど》や声《こえ》の調子《ちょうし》も大事《だいじ》だよ。
ふてくされたような態度《たいど》や、攻撃《こうげき》しているような言《い》い方《かた》だと、気分悪《きぶんわる》いよね。
ていねいに質問《しつもん》しよう。

★質問《しつもん》の例《れい》★

1. なん時《じ》までに行《い》けばいいんですか？／2. すみません。意味《いみ》がわからなかったので、説明《せつめい》していただけますか？／3. まわりがうるさくて聞《き》こえないので、もう一《いち》度《ど》言《い》っていただけますか？／4. おぼえられないから、くり返《かえ》して言《い》って。／5. もうちょっとゆっくり言《い》ってね。／6. アレってなんですか？／7. わかんない。わかりやすく言《い》って。なにをすればいいの？

37 どう質問《しつもん》したらいいかわからないとき

発表《はっぴょう》する授業《じゅぎょう》のときはいつも、「なにか質問《しつもん》はありますか？」っていう時間《じかん》があるんだけど、なにを質問《しつもん》していいかわからない。

いろんな質問《しつもん》ができることって、大切《たいせつ》なことだよ。だから質問《しつもん》するコツを教《おし》えるね。5W《ダブル》1H《エッチ》で質問《しつもん》をつくるんだ（54ページを見《み》てね）。

A《エー》グループ：「いつ？」「どこで？「だれが？」「なにをした？」

B《ビー》グループ：「どうして？（なぜ？）」「どうやって？」

A《エー》グループは、話《はなし》をはっきりさせるための質問《しつもん》。話《はなし》をふくらませるのが、B《ビー》グループの質問《しつもん》だ。

たとえば、夏休《なつやす》みの自由研究《じゆうけんきゅう》の発表《はっぴょう》のあとの質問《しつもん》の時間《じかん》で、

「どうして、そのテーマをえらんだんですか？」とか

「どのようなことにくふうしましたか？」なんて質問《しつもん》をしたらどうだろうか。質問《しつもん》じょうずになるには、相手《あいて》が話《はなし》したことに興《きょう》味《み》をもつこと。質問《しつもん》する回数《かいすう》をふやして、なれていこう。

ワーク イラストを見《み》ながら、質問《しつもん》をつくってみよう。

①ぼくは旅行《りょこう》に行《い》きました。

①についての質問《しつもん》

②こんなところに行《い》きました。

②についての質問《しつもん》

③帰《かえ》ってきたところです。

③についての質問《しつもん》

! どれだけたくさん質問《しつもん》できたかな？

38 シャレで言《い》い返《かえ》したいとき

「おまえテスト何点《なんてん》だった？」っていつも
となりのK君《ケーくん》がのぞきこんでくる。
そしていつも「ひっでえ点《てん》！　マジかよ」って
ひやかしてくる。すごく感《かん》じ悪《わる》い。

ほんといやだよね！　ただでさえがっくりきているのに……。こういうときになんか言《い》い返《かえ》したいんだけど、うまいことばが出《で》てこないときってあるよね？

「やめてくれよ！」って言《い》いたいのはわかるけど、なんだかケンカになりそう。

もっとかるい感《かん》じで言《い》い返《かえ》せるといいよね。

じゃ、じぶんの気持《きも》ちにぴったりすることば、さがしてみる？ジョークで返《かえ》すなら、お笑《わら》い芸人《げいにん》の「ボケ」も参考《さんこう》になるね！

ワーク 切《き》り返《かえ》しのことばとして、じぶんに一番《いちばん》ピッタリするのはどれかな？

◎ **「ひってえ点《てん》！　マジかよ！」と言《い》われたら……。**

「ほっとけ！」
「じゃあ君《きみ》は何点《なんてん》？」
「そうなんだ。どうしたらいい点《てん》とれるかな～？　ね～教《おし》えて」
「のぞきは、犯罪《はんざい》ですよ！」
「ご心配《しんぱい》いただいてありがとう」
「せつないなあ～」
「でしょ？　知《し》ってるよ～」

> ! さらっと聞《き》きながすのもいいよ！

◎ **「○○が（服《ふく》やヘアスタイルが）ダサイんだよね」と言《い》われたら……。**

「別《べつ》にいいじゃん。中身《なかみ》で勝負《しょうぶ》だよ」
「ええねん、それで」
「うそ～！　ちょーかわいーのにぃー」（冗談《じょうだん》ぽく）
「これ来年《らいねん》、はやるファッションやで」
「顔《かお》がよすぎるから、これでちょうどいいのさ」
「うちのスタイリストに注意《ちゅうい》しておくわ！」
「"ダサかわいい"って知《し》らないの？」
「え？　知《し》らないの？　つぎはこれがはやるんだよ」
「オイオイ、君《きみ》に言《い》われたくないよ」
「ぼくもまいってるんだよね。今度《こんど》うちの親《おや》にキミからも言《い》ってよ」
「"個性的《こせいてき》"って言《い》ってよぉ」

39 ことわられてへこんだとき

「放課後《ほうかご》、遊《あそ》ぼっ！」って言《い》ったとき、
「ごめん。ダメ！」とことわられた。
へこむなぁ……。

せっかく勇気《ゆうき》を出《だ》して言《い》ったのに、ことわられたらへこむよね。
「きらわれているのかな」
「まただ……いつもわたしはダメ」
「なんて、ワタシって運《うん》が悪《わる》いのかな」
こんなふうに考《かんが》えてしまうのではない？　そう思《おも》うと、うつむいて声《こえ》が小《ちい》さくなってミジメになるよね。
でも、へこまない人《ひと》は、そんなふうに考《かんが》えないんだ。
「きょうは塾《じゅく》があるのかも」
「いやなんだったら、しかたないや。ほかの子《こ》と遊《あそ》ぼう」
プラスのこころで、受《う》け取《と》っているんだ。そうすると、
「そっか、ダメなんだ」「また、今度《こんど》ね！」って、明《あか》るく言《い》えるかもね。へこまないこころのつくり方《かた》、おぼえておこう！

ワーク

いろんな方法《ほうほう》を試《ため》してみよう。

◎へこんだこころを切《き》りかえる方法《ほうほう》

・からだをうごかしたり、何《なに》かに集中《しゅうちゅう》すると気分《きぶん》が変《か》わるよ！

ボールをける
思《おも》いっきり走《はし》る
音楽《おんがく》を大《おお》きな音《おと》で聞《き》く
ピアノをひく
漢字《かんじ》をノートに書《か》き続《つづ》ける
犬《いぬ》と散歩《さんぽ》する

・紙袋《かみぶくろ》に、くやしい気持《きも》ちや悲《かな》しい気持《きも》ちをさけんで閉《と》じこめて、それをパンとわってしまう。「おしまい！」とことばで言《い》う。

・紙《かみ》に、こころの中《なか》の言葉《ことば》をたくさん書《か》き出《だ》して、切《き》りきざんですてる。

◎パワーアップする方法《ほうほう》

・パワーをくれる友《とも》だちや家族《かぞく》、知《し》り合《あ》いと話《はな》してパワーをもらう。

・アニメのキャラクターからパワーをもらおう！

ナルトになって → 「じゃあまあ、いいってばよ！」
ちびまる子《こ》ちゃんになって → 「はいはい、わかりましたよ。アタシだってそんなにヒマじゃないんでね。へっ！」
クレヨンしんちゃんになって → 「ごめんあそばせ〜。きれいなおねいさん、さがしにいきますぅ〜」
サザエさんのタラちゃんになって → 「そうれしゅか〜。いっぱいでしゅか〜。まだこんどきましゅ〜〜」
ハム太郎《たろう》になって → 「わかったのだ！　またくるのだ！　ハムハ〜！」
おじゃる丸《まる》になって → 「おっほ、ならよい。またさそってたもれ！」

◎気《き》にしないこころをつくる方法《ほうほう》

・「気《き》にしませ〜〜ん」と言《い》ってみる。

・「外国語《がいこくご》なんでよくわからないや」と思《おも》ってみる。

★いろんな「気《き》にするな」って意味《いみ》のことばがあるよ！★

「ええやん、べつに。気《き》にせんとき」（大阪弁《おおさかべん》）
「なんくるないさー」（沖縄弁《おきなわべん》）
「ケンチャナヨー」（韓国語《かんこくご》）
「メイグワンシィ」（北京語《ぺきんご》）
「なんとかなるよ」（東京弁《とうきょうべん》）
「ネバーマインド」（英語《えいご》）
「マイペンライ」（タイ語《ご》）
「ケセラセラ」（フランス語《ご》）

40 るす番《ばん》していて電話《でんわ》がかかってきたとき

**ひとりでるす番《ばん》しているとき、知《し》らない人《ひと》から
お母《かあ》さんに電話《でんわ》がかかってきた。
「るすです」と答《こた》えると、「急《いそ》ぎの用事《ようじ》なので、
お母《かあ》さんの携帯電話《けいたいでんわ》の番号《ばんごう》教《おし》えて」って。
なんか、あやしい……。こんなときなんて言《い》う？**

相手《あいて》がこまっているから親切《しんせつ》にしなきゃと思《おも》ってお母《かあ》さんの携帯電話《けいたいでんわ》の番号《ばんごう》を教《おし》えてあげる？

ダメ、ダメ！

知《し》らない人《ひと》に電話番号《でんわばんごう》なんか教《おし》えちゃ絶対《ぜったい》ダメ。

つぎのように言《い》うのがいいと思《おも》うよ。

「母《はは》から連絡《れんらく》させますので、すみませんがそちらの電話番号《でんわばんごう》とお名前《なまえ》を教《おし》えてください」

本当《ほんとう》に用事《ようじ》の人《ひと》なら、きちんと言《い》ってくれるはず。「じゃあけっこうです」なんていうのはますますあやしいぞ！

ワーク　つぎのような電話《でんわ》がかかってきたら、あなたはなんて答《こた》える？

声《こえ》　：「あの〜、田中《たなか》さんのお宅《たく》でしょうか？」（田中《たなか》さんではないとする）
あなた：

★答《こた》え方《かた》とアドバイス★

「ちがいます」って、ていねいに答《こた》えるのがいいね。もっとていねいに答《こた》えようと「こちらは山田《やまだ》です」なんて名字《みょうじ》まで答《こた》えてしまうのはダメだよ！

声《こえ》　：「あれ〜？おかしいな。田中《たなか》さんじゃないの？」
あなた：

★答《こた》え方《かた》とアドバイス★

「何番《なんばん》におかけですか？」って言《い》うのがいいと思《おも》う。
もっとしつこく聞《き》いてきたら、「こちらは田中《たなか》ではありませんよ」って、切《き》ってしまってもいい。個人情報《こじんじょうほう》を集《あつ》めて、よくないことに利用《りよう》としている人《ひと》がいるかもしれないからね。でも、相手《あいて》はほんとうにまちがえただけかもしれないから、失礼《しつれい》がないように感《かん》じよく受《う》けこたえしておこうね。

声《こえ》　：「○○だけど、お母《かあ》さんいる？」（知《し》らない人《ひと》のばあい）
あなた：

★答《こた》え方《かた》とアドバイス★

まったく知《し》らない人《ひと》に、かんたんに「るすです」なんて言《い》っちゃダメだよ！
こういうときは「今《いま》、そばにいません」でいいんだ。
できれば、「どなた（どちらさま）ですか？」って聞《き》いて、わすれないように名前《なまえ》をメモしておくといいよ。

声《こえ》　：「おうちの人《ひと》、いつ帰《かえ》ってくるの？」「どこに行《い》っているの？」
あなた：

★答《こた》え方《かた》とアドバイス★

よく知《し》っている人《ひと》なら答《こた》えてもいいけど、知《し》らない人《ひと》だったらこんな質問《しつもん》に正直《しょうじき》にこたえる必要《ひつよう》はないよ。「わからないのでかけなおしてください」と言《い》って電話《でんわ》を切《き》ろう。

基《き》礎《そ》編《へん》

電話《でんわ》の基本《きほん》トレーニング！　かけるとき・受《う》けるとき

電話《でんわ》に出《で》るとき、電話《でんわ》をかけるときの基本《きほん》をマスターしておこう。
感《かん》じのいい対応《たいおう》を心《こころ》がけよう。

■ 受《う》けるときはどうする？

・相手《あいて》が名《な》のらなかったら、「はい。どなた（どちらさま）ですか？」とていねいに聞《き》く。
・うちの人《ひと》を呼《よ》びに行《い》くときには、「すこしお待《ま》ちください」と言《い》ってから受話器《じゅわき》をおく。
・うちの人《ひと》が留守《るす》だったら、「なにか伝言《でんごん》はありますか？」と聞《き》いて、メモしておく。

伝言《でんごん》メモ

1. 日《ひ》　付《づけ》：　月《がつ》　日《にち》
2. 時《じ》　間《かん》：午前《ごぜん》／午後《ごご》　時《じ》　分《ふん》
3. 相《あい》　手《て》：
4. 用《よう》　件《けん》：
5. 受《う》けた人《ひと》：

■ かけるときはどうする？

・相手《あいて》がでたら「○○です」とじぶんの名前《なまえ》を言《い》う。
・「こんにちは」などあいさつする。
・用件《ようけん》を話《はな》す（こみ入《い》った用件《ようけん》は、どのように話《はな》すか考《かんが》えてから電話《でんわ》する）。
・「さようなら」「失礼《しつれい》しました」など終《お》わりのあいさつをする。
・電話《でんわ》を切《き》る（相手《あいて》より先《さき》に切《き》らないこと）。

■ 夜《よる》おそく（朝早《あさはや》く）電話《でんわ》をかけるときはどうする？

・「夜《よる》おそい時間《じかん》に（朝早《あさはや》く）申《もう》しわけありませんが……」
・「こんな時間《じかん》に、すみません……」

■ 友《とも》だちの家《いえ》に電話《でんわ》をかけたら、るす番電話《ばんでんわ》だった。メッセージを残《のこ》すときはどうする？

・「○○（じぶんの名前《なまえ》）です。△△くんと遊《あそ》ぼうと思《おも》って電話《でんわ》しました」（用事《ようじ》を言《い》う）
・「あとでまたかけ直《なお》します（電話《でんわ》してくださいでもＯＫ《オーケー》）。さようなら」（あいさつ）

■ 携帯電話《けいたいでんわ》にかけるときはどうする？

・「今《いま》、お話《はなし》してもよろしいですか」（相手《あいて》の状況《じょうきょう》を確《たし》かめる）
・相手《あいて》の都合《つごう》が悪《わる》いときは、かけなおす。

第《だい》6章《しょう》

ていねいに感《かん》じよく話《はな》すトレーニング

今度の日曜日
遊びに
行ってもいい？
あ……
えーーっと……
うーーん……
貸せ
貸してね
貸してくれたら
うれしいな
貸してくれる？
貸してよ
貸せよ
借りてもいい？
貸して
ほしいんだけど
借りるよ
わーーっ
ぎゃーっ
う〜〜ん…
何て言おう…
しおり

41 だれかにていねいに言《い》うとき

レストランに行《い》ったら、ウェイターさんがボクに「なにになさいますか？」って聞《き》いてくる。

ハンバーグが食《た》べたいんだけど……。こんなとき、なんて言《い》う？

「ハンバーグ！」だけでも、相手《あいて》にはわかるよね。

こういうのを"ひとことことば"っていうんだ。これでも通《つう》じることは通《つう》じるけど、ていねいなことばづかいじゃないよね。ハンバーグを注文《ちゅうもん》したいなら、

「ハンバーグをお願《ねが》いします」

「ぼくにはハンバーグをください」

って言《い》えるようにしよう。だれかになにかをお願《ねが》いするときには、ことばのさいごに「お願《ねが》いします」や「ください」をつけよう。

ことばのさいご（語尾《ごび》）をしっかりとつけるていねいな話《はな》し方《かた》を知《し》っていると、おとなになってもこまらない。ときと場合《ばあい》、相《あい》手《て》におうじて使《つか》えるようにしようね。

ワーク ていねいに答《こた》えてみよう。

＜例《れい》＞

飛行機《ひこうき》の中《なか》で「おのみ物《もの》は何《なに》になさいますか？」と聞《き》かれたら。
→オレンジジュースをください。

1. はじめて会《あ》ったお母《かあ》さんの友《とも》だちから「こんにちは。お名前《なまえ》は？」と聞《き》かれたら。
→

2. 本屋《ほんや》さんでさがしている本《ほん》が見《み》つからずにウロウロしていたら、店員《てんいん》さんに「何《なに》かおさがしですか？」と聞《き》かれたら。
→

3. おべんとうを買《か》って「はし、おつけしますか？」と聞《き》かれたら。
→

4. お父《とう》さんの会社《かいしゃ》の人《ひと》に「大《おお》きくなったね！　何年生《なんねんせい》になったの？」と言《い》われたら。
→

5. 学校《がっこう》で、お客《きゃく》さまから「職員室《しょくいんしつ》はどこですか？」と聞《き》かれたら。
→

6. 電車《でんしゃ》のきっぷをなくしちゃって、駅員《えきいん》さんに説明《せつめい》するとき。
→

7. 電車《でんしゃ》に乗《の》ったんだけど、行《い》き先《さき》をたしかめたい……。まわりの人《ひと》に聞《き》くとき。
→

★答《こた》えの例《れい》★

1. こんにちは！　○○です。／2. ○○という本《ほん》は、どこにありますか？／3. はい、お願《ねが》いします（いいえ、けっこうです）。／4. ○年生《ねんせい》です。／5.（まっすぐ行《い》ったつきあたり）です。／6. きっぷをなくしちゃったんですけど、どうしたらいいですか？／7. すみません。この電車《でんしゃ》は、どこ行《い》きですか？

42 お願《ねが》いするとき

貸せ
貸してね
貸してくれたら うれしいな
貸してくれる?
貸してよ
貸せよ
借りてもいい?
貸して ほしいんだけど
借りるよ

T《ティー》ちゃんが読《よ》んでたマンガの本《ほん》、貸《か》してもらいたい。

人《ひと》になにかをお願《ねが》いするとき、どんな言《い》い方《かた》をする？

たとえば、マンガの本《ほん》を貸《か》してほしいとき、

「貸《か》せ」「貸《か》せよ」「貸《か》して」「貸《か》してよ」「貸《か》してね」「貸《か》してくれる？」「貸《か》してほしいんだけど」「貸《か》してくれたらうれしいな」「借《か》りてもいい？」

いろんな言《い》い方《かた》があるね。ほかにもあるかもしれないね。感《かん》じがいい言《い》い方《かた》はどれかな？

相手《あいて》が先生《せんせい》や目上《めうえ》の人《ひと》だったら、もっとていねいなことばづかいにしたほうがいいよね。

ワーク　つぎのことばをいろいろな言《い》い方《かた》で言《い》ってみよう。

①見《み》せてほしい

②返《かえ》してほしい

③やめてほしい

④助《たす》けてほしい

⑤教《おし》えてほしい

◎友《とも》だちに言《い》うときには？

①

②

③

④

⑤

◎先生《せんせい》に言《い》うときには？

①

②

③

④

⑤

◎おじいちゃんやおばあちゃん、親《しん》せきの人《ひと》に言《い》うときには？

①

②

③

④

⑤

43 言《い》いにくいことを言《い》うとき

今度の日曜日
遊びに
行ってもいい？
あ……
え――っと……
う――ん……

「遊《あそ》ぼう！」ってさそわれたけど、
きょうはちょっと……。
なんてことわったらいいかなぁ。

こまったね。さそいにのりたいんだけど、きょうはムリ？　もしかして気《き》がのらない？

ことわるときって、事情《じじょう》があってしかたなくことわるときと、イヤだからことわりたいときがあるよね。

理由《りゆう》によってことわり方《かた》も変《か》わるよ。相手《あいて》によっては、ことばづかいも変《か》わる。でも相手《あいて》を傷《きず》つけないようにことわらなきゃいけないのはどんなときでもおなじ。言《い》いにくいことを言《い》うときの言《い》い方《かた》、よく考《かんが》えてみよう。

ワーク 1　じぶんにあった言《い》い方《かた》はどれかな？

◎さそわれたけどことわりたいとき

・ありがとう……。でもきょうは○○があるんだ。また今度《こんど》ね。

・うれしいんだけど、きょうはむりなの。またね。

・ざんねん！用事《ようじ》がかさなっちゃったからむりなんだ。あしたなら遊《あそ》べるけど、どう？

・ごめ〜ん、きょうは○○があるんだ。

・わるい！

> ! ほかにないかな？
> 考《かんが》えてみてね。

◎たのみにくいことをお願《ねが》いするとき

・お願《ねが》いしたいことがあるんだけど……。

・もしよかったら、○○してくれるとうれしいんだけど……。

・○○をたのみたいんだ。もしできるとしたら、いつだったらだいじょうぶ？

・○○してくれると、うれしいな。

ワーク 2　言《い》いにくいことを言《い》うときには、"クッションことば"を使《つか》ってみよう。

・ちょっと聞《き》いてください。

・言《い》いにくいんだけど、聞《き》いてくれる？

・おこらないで聞《き》いてね……。

・ちょっといいかな……。

・よ〜く考《かんが》えたんだけど、やっぱり言《い》うことにした……。

・思《おも》いきって言《い》うけど、じつはね……。

> ! "クッションことば"は12ページを見《み》てね。

44 感《かん》じよく言《い》いたいとき

社会科見学《しゃかいかけんがく》のとき、大《おお》さわぎしているT《ティー》くんたちに、注意《ちゅうい》をしたい。なんて言《い》ったらいいのかな？

こんなとき「うるさ〜い！」って、さけぶ？　それとも「めいわくになるよ」って、静《しず》かに注意《ちゅうい》する？　ときと場合《ばあい》によっては、はっきり言《い》わなきゃならないかもしれない。

でも、おなじ意味《いみ》でも、「静《しず》かにしようよ」とか「ここはみんながいるから、めいわくなんじゃない？」って、言《い》うほうが感《かん》じよくない？

「○○しようよ」「△△したほうがよくない？」というふうに、お願《ねが》いの形《かたち》にしたり、相談《そうだん》をもちかけるような言《い》い方《かた》のほうがやわらかく聞《き》こえる。断定《だんてい》したり命令《めいれい》するようなことばは、相手《あいて》に反発《はんぱつ》のこころをおこすことがあるからね。

おなじことでも、できるだけ肯定的《こうていてき》（その通《とお》りだと認《みと》める）な言《い》い方《かた》で言《い》うと、相手《あいて》を傷《きず》つけずに感《かん》じよく聞《き》こえるよ。

ワーク 1

つぎのことばを、お願《ねが》いの形《かたち》にしたり、相談《そうだん》をもちかけるような言《い》い方《かた》に変《か》えてみよう。

例《れい》）うるさい！→静《しず》かにしてくれる？

1. このマンガは、貸《か》せない！→

---

2. 遅《おそ》いんだよ！→

---

3. 土曜日《どようび》は、ムリ！→

---

4. だまれ！→

ワーク 2

つぎのことばの、どちらのほうが感《かん》じがいいかな？ ○をつけてみよう。

（　　）３時《じ》まで、遊《あそ》べないんだ。
（　　）３時《じ》からなら、遊《あそ》べるよ。

（　　）このドアは、通《とお》れません。
（　　）となりのドアを通《とお》ってください。

（　　）芝生《しばふ》にはいるな。
（　　）芝生《しばふ》を大切《たいせつ》にしてください。

（　　）トイレを汚《よご》すな。
（　　）いつもきれいに使《つか》ってくれて、ありがとう！

★答《こた》えの例《れい》★

1. このマンガは貸《か》せないんだけど、べつのじゃダメ？
2. もう少《すこ》し、急《いそ》いでくれる？
3. 土曜日《どようび》じゃない日《ひ》にしてくれない？
4. 今《いま》はだまっててほしい。

保護者・指導者のみなさまへ

この本は、子どもたちが大人になるまでに、ぜひ身につけておいてほしいコミュニケーション力をトレーニングする本です。

だれかに話しかけるときのきっかけはどうやって作るの？
感じていることを伝えたい。
わかりやすい話し方って？
思っていることをうまくまとめたいけど……。
受け応えがうまくなるには？
ていねいで感じのいい話し方を知りたい……。

「こんなとき、なんて言うんだろう？」と思ったときに、子どもたち自身がすぐに使えるように、実践的な例をあげて、その対処法とトレーニング法をのせました。

また、ちょっと悲しくなったり、落ち込んだときの心の立て直し方や、いやなことを言われたときに傷つかないコツ、１人でも行動できる勇気など、「心」を強くするヒントものせました。

この本は、たんなる話し上手に終わらせず、じぶんを尊重しながら相手も尊重してコミュニケーションすることをめざしています。

トレーニングのベースになっているのは、アメリカの学校や家庭で行われているコミュニケーション教育です。また、ビジネスで知られるコーチングのコミュニケーションの手法も参考にしています。心をちょっとだけ強くするヒントは、JAMネットワークのメンバーやメンバーとかかわりのある子どもたちがアイデアを出しました。

子どもたちは、周囲の人と交わる中で、ケンカやトラブルなど楽しくない経験もするでしょう。そんなときでも、できるだけじぶん自身の力でその難局を乗りきっていってほしいのです。そして、そんな経験の積み重ねが、大人になってから役立つものと信じています。

子どもは、もともとじぶんで問題や困難を解決していく力を備えています。コミュニケーション力や解決していく力は、失敗したり、うまくいったりして実践していくことによって、しっかりじぶんのものになっていきます。まわりの大人は、じぶん自身の力で乗りこえていこうとする子どもたちを、応援してあげてほしいのです。少々のトラブルなら子どもの持っている力を信じて、手や口を出さず、大らかに見守ってあげましょう。

でも、もしも、子どもからSOSが出ていたら、子どもを丸ごと受けとめてあげてください。子どもが何かを話しはじめたら、辛抱強く最後まで聞いて、気持ちをはき出させてあげることが大事だと思います。深刻ないじめなどのケースでは、大人が介入したり、子どもをその場から避難させることが必要かもしれません。

私たち大人は、子どもをあたたかく見守り、「傷ついたりつかれたら、いつでも帰っておいで」と言葉や態度でメッセージを送り続けていきたいと思います。「じぶんは帰ってくる場所がある」と思ったら、子どもはどれだけ安心するでしょう。栄養と休息をしっかりととらせ、身も心も充電したら、また子どもを送り出してあげてください。

これからを生きる子どもたちのすべてが、じぶんの持っている力をせいいっぱい発揮して、幸せになってもらいたいと思います。

この本が、かわいい子の旅のおともになってくれれば、ほんとうにうれしいです。

NPO法人　JAMネットワーク
代表　高取しづか

◎各トレーニングのねらい

保護者、指導者の方へ、本書の各項目の課題とねらいをまとめました。
子どもたちにアドバイスするときの参考にしてください。

項　目	課　題	ね ら い
第1章　きっかけをつくるトレーニング		
1	きちんとあいさつをする	あいさつの基本を学ぶ・あいさつの意味を考える
2	クッションことば	気持ちよくコミュニケーションをとるコツを覚える
3	いろいろな人と話す	たくさんの人と話して経験をつむ
4	友だちをつくる	勇気をだして、じぶんから話しかけてみる
5	友だちと仲直りをする	関係を修復する方法を考える
第2章　気持ちを表現するトレーニング		
6	相手の気持ちを推察する	表情や声の調子、しぐさに注目する
7	じぶんのこころの中を言い表す	じぶんの気持ちに気づく
8	うれしい気持ちを表現する	感情を開示する
9	モヤモヤした気持ちを整理する	クモのすウェブの手法をためしてみる
10	友だちにからかわれたときの対処法	じぶんを肯定できる言葉を覚える
11	親しい友だちにからかわれたときの対処法	いやな感情を伝えることの必要性を知る
12	ひとりでいる勇気を持つ	良心にもとづいた行動ができるようになる
13	いじめる側になってしまったら	気持ちを想像する、イメージする練習
14	怒りのコントロール法	怒りの感情のコントロールについて考える
15	悲しい気持ちの表し方	つらい気持ちを否定しないで、認めることを考える
第3章　わかりやすく話すトレーニング		
16	相手がイメージできるように情報を伝える	絵をかくように説明する
17	相手が知っているものにたとえる	比喩表現を使って表現する
18	数字を使って表現する	数字を使うなど客観的な表現を意識する
19	互いの思い違いを確かめる	互いの理解に行き違いがない表現方法を考える
20	ナンバリングを使って話す	話を箇条書きにして話す
21	５Ｗ１Ｈで事実を伝える	報告の骨組みの作り方の確認
22	話す順序を考える	話す順番によって、受け取り方が違うことを知る
23	道案内をする	道案内のポイントを学ぶ
第4章　考えをまとめて話すトレーニング		
24	伝えたいことを整理する	「じぶんは何を伝えたいのか」自問するくせをつける
25	じぶんの気持ち／意見をハッキリさせる	仮説を立てて判断することを練習する
26	事実を整理する	事実と感想に分けて客観的に話をする
27	理由とそれを裏付ける事実を整理する	裏付けとなる事実を相手に伝える
28	友だちとのケンカをおさめる	仲直りのルールを確認する
29	いろいろな解決方法を考える	あらゆる場面での発想法を練習
30	反省をことばにする	失敗をカバーする行動方法について考える
31	人と交渉する	交渉のコツを学ぶ
第5章　受けこたえがうまくなるトレーニング		
32	相手の知りたいことに答える	今日あったことと思ったことを表現する
33	あいづちとツッコミを使う	あいづちをうって話を聞かれたときの心地よさを知る
34	ノリのいい会話にチャレンジ	相手の話のペースに合わせる方法を体験
35	相手の気持ちに寄りそう	相手の気持ちになって、どんな言葉や態度がうれしいか考える
36	わからないことをそのままにしない習慣	質問することに慣れる
37	具体的に質問する方法	質問を作ることに慣れる
38	ひやかしを切り返す方法	言葉のバリエーションを考えてみる
39	元気が出る言葉を使ってみる	心の立て直し方を考える
40	電話の応対のポイント	電話での安全な答え方を知る
第6章　ていねいに感じよく話すトレーニング		
41	気持ちのよい返事の仕方	語尾に注意する
42	人にお願いをする	立場や状況に合わせて言い方のパターンがあることを知る
43	依頼を上手に断る方法	相手もじぶんも傷つけない話し方を考える
44	ていねい語の練習	肯定的な言い方について学ぶ

参考文献

『子どもに伝えたい3つの力』斉藤孝（日本放送出版協会）
『ちゃんと泣ける子に育てよう』大河原美以（河出書房新社）
『グサリと来るひと言をはね返す心の護身術』バルバラ・ベルクハン（草思社）
『できる子どもの育て方』メル・レヴィーン（ソフトバンクパブリッシング）
『「考える力のある子」が育つ、シンプルで確実な方法』メーナー・シェアー（PHP研究所）
『コーチングのプロが使っている質問力ノート』ルパート・イールズ=ホワイト（ディスカヴァー・トゥエンティワン）

著者紹介

高取しづか（たかとり・しづか）（http://www.takatori-shizuka.com/）

NPO法人 JAMネットワーク代表・「じぶん表現力」コーチ

二女の母として育児に奮闘するかたわら、子育て、消費者問題の取材記者として活躍。「子育てネット」の創設メンバーとして『子どもと出かける東京あそび場ガイド』（丸善メイツ）などの出版にかかわる。1998年、夫の転勤にともない渡米。日本人学校で知り合った母親たちとグループ(JAMの前身)を作り、子どもや女性の視点で子育てや教育に関する取材、研究活動を行う。帰国後、「JAMネットワーク」を結成。新聞・雑誌・本の執筆を行う一方、親子や教育関係者を対象に講演活動を企画・実施している。
（財）生涯学習開発財団認定コーチ

NPO法人 JAM《ジャム》ネットワーク（http://www.jam-network.org/）

JAMは、Japanese & American Mothersの頭文字をとったもの。日本とアメリカの親、子ども、教師のネットワーク。2002年、アメリカでの取材をベースに、日本の実情にあったのコミュニケーションスキルのトレーニング法を提案。大きな反響を呼ぶ。2003年10月、子どもとその親、教師のコミュニケーションスキルの育成を目的にNPO法人化。親子や教育関係者を対象に、講演会・ワークショップの開催を全国各地で行っている。

・主な著書

『親子で育てる「じぶん表現力」』『親子で育てる「じぶん表現力」ワークブック』『思春期の子どもとコミュニケーションする法　十代で育てる「じぶん表現力」』（以上、主婦の友社）『わかっちゃいるけどほめられない！　脳を育てる「ほめる表現力」』『頭のいい子が育つ親が言っていいこと悪いこと』（以上、宝島社）『子どもが英語の達人になるための「じぶん表現力」エクササイズ』（アルク）

★制作にかかわったメンバー

入江京子（いりえ・きょうこ）
大和　都（おおわ・みやこ）
菅沢京子（すがさわ・きょうこ）
獅子倉雅子（ししくら・まさこ）

★どうもありがとうございました★

この本の執筆にあたり、多くのみなさまにご協力いただきました。（敬称略）

栗澤哲也　栗澤稚富美　栗澤美穂子　栗澤祐太郎　大和拓海　大和陽　獅子倉杏奈
獅子倉華奈　菅沢マリエ　高取さおり　高取麻弓　藤原しのぶ　松田充恵　米盛賢治

●カバーデザイン　守谷義明＋六月舎
●イラスト　あらきあいこ
●本文レイアウト　八木澤晴子

●編集協力　（株）ノボックス

イラスト版　気持ちの伝え方

コミュニケーションに自信がつく44のトレーニング

2007年 7 月25日　第 1 刷発行
2016年11月10日　第16刷発行

著　者　高取しづか＋JAMネットワーク
発行者　上野良治
発行所　合同出版株式会社
東京都千代田区神田神保町1-44　郵便番号 101-0051
電話 03（3294）3506　FAX 03（3294）3509
URL：http://www.godo-shuppan.co.jp/
振替 00180-9-65422
印刷・製本　新灯印刷株式会社

■刊行図書リストを無料送呈いたします。
■落丁乱丁の際はお取り換えいたします。

ISBN978-4-7726-0402-4　NDC 376　257×182